中国柑橘鲜果价格形成及影响因素研究

龚 梦◎著

科学出版社

北京

内 容 简 介

本书是研究我国柑橘鲜果价格形成的最新成果。全书共分十章，以柑橘价格为研究主线，运用经济学原理较为系统地研究了市场经济条件下，我国柑橘的价格波动规律及形成机制。首先，回顾了新中国成立以来柑橘价格体制改革的历程，并分析了历年柑橘价格的波动特征及波动周期。其次，分别对柑橘的生产者价格、消费者价格与主要影响因素的关系进行了理论与实证研究。再次，构建了柑橘价格形成的理论均衡模型，该模型引入了中间商市场，从而架起了生产者市场与消费者市场之间的桥梁，并对构建的柑橘鲜果价格形成理论模型进行了实证分析。最后，对柑橘鲜果的价格进行了合理的预测。

本书数据资料翔实、内容丰富，可作为地方政府及相关研究人员的参考用书，也可作为对农产品价格研究感兴趣的本科、研究生或者同行的参考书目。

图书在版编目(CIP)数据

中国柑橘鲜果价格形成及影响因素研究 / 龚梦著. —北京：科学出版社，2015

ISBN 978-7-03-043666-5

Ⅰ. ①中… Ⅱ. ①龚… Ⅲ. ①柑桔类–价格形成–影响因素–研究–中国 Ⅳ. ①F762.3

中国版本图书馆 CIP 数据核字（2015）第 046167 号

责任编辑：林 剑 刘 超 / 责任校对：钟 洋
责任印制：赵 博 / 封面设计：王 浩

科学出版社 出版
北京东黄城根北街 16 号
邮政编码：100717
http://www.sciencep.com

北京科印技术咨询服务有限公司数码印刷分部印刷
科学出版社发行 各地新华书店经销

*

2015 年 1 月第 一 版 开本：720×1000 1/16
2025 年 3 月第二次印刷 印张：11
字数：200 000
定价：88.00 元
（如有印装质量问题，我社负责调换）

前　言

中国是世界上的柑橘生产及消费大国，截至2011年，中国柑橘的种植面积已达到228.83万公顷，产量已达到2944万吨，均居世界首位。柑橘产业的快速发展，为满足国内消费者的需求、增加果农收入及扭转贸易逆差作出了重要的贡献。然而，柑橘产业在发展过程中也存在着一些问题，如单产水平还比较低、出口比例有待提高、小生产与大市场的矛盾突出等，特别是受市场经济的影响，柑橘价格上下波动，经常会发生"柑橘卖难"的情况，使柑橘生产者遭受较大的经济损失，挫伤生产者的积极性。因此，在市场经济条件下，掌握柑橘价格的波动规律及形成机制，找出价格的主要影响因素有着非常重要的意义。

近年来，柑橘市场价格波动幅度较大，柑橘市场的参与主体尤其是生产者常常遭遇较大的经济损失。目前，对于政府、消费者及柑橘生产者来说，并没有掌握市场经济条件下价格的运行规律，还不能明确地回答我国现有的柑橘价格形成机制如何？是否合理？未来的走势是什么？究竟是哪些因素影响柑橘市场的价格变化？这些因素的影响程度有多大？价格参与主体应该怎样规避价格风险？本书将围绕这些问题展开，给这些问题一个较为合理的解释。

本书的写作目的是：通过对市场经济条件下柑橘价格形成机制的研究，定量测定各影响因素的大小，把握柑橘价格变化的原因、趋势及特点，在此基础上提出应对方案，希望能够为我国柑橘产业的长期稳定发展提供一些参考依据。本书的主要内容如下。

第1章　简要介绍中国柑橘产业的现状，阐述柑橘产业对中国经济社会发展的影响。本章对相关的重要概念进行了界定，提出了本书的技术路线图，并对本书的结构框架进行规划，对本书可能的创新点及不足之处进行说明。

第2章　对本书所用到的相关理论进行整理，并给出本书的一般理论分析框架；同时，还从价格波动、价格影响因素等几个不同角度对农产品价格的相关文献进行整理与总结。

第3章　本章从新制度经济学角度回顾了中国柑橘价格体系的改革及政策变迁过程，最后对现行价格体制取得的成效及存在的问题进行总结。

第4章　本章首先分析1950~2011年中国柑橘名义生产者价格和实际生产者价格的波动特征，并对两者进行对比；然后通过H-P滤波法，对柑橘的实际收购价格进行滤波，分离出趋势序列，得到柑橘价格的循环要素序列，并在此基础上进行柑橘价格的波动周期划分；最后对柑橘的波动周期特征进行分析。

第5章　本章从供给的视角来剖析影响柑橘价格的因素。从供给视角研究的柑橘价格实际上是生产者价格。故首先从理论上分析影响柑橘生产者价格的因素，如生产成本、柑橘产量、自然灾害、进出口情况等，并着重分析生产成本变化对柑橘价格的影响。随后，运用通径分析法对柑橘生产者价格与其影响因素之间的关系进行了实证分析，从而得到各主要影响因素对生产者价格的直接及间接影响程度。

第6章　本章从需求的视角来剖析影响柑橘价格的因素。从需求视角研究的柑橘价格实际上是消费者价格。故首先从理论上分析影响柑橘消费者价格的因素，如城市化水平、居民可支配收入、物价水平、人口数量等与柑橘价格之间的关系。其次，通过VAR模型对柑橘消费者价格及其影响因素的关系进行了实证分析。通过因果检验、脉冲响应分析及方差分解等方法，找出了主要影响因素与价格之间的深层次关系。

第7章　本章将柑橘的价格形成过程分为生产者市场、中间商市场及消费者市场三个市场。对柑橘的不同市场进行简化，构建了柑橘价格形成的理论模型。随后，对理论模型进行求解，从而测算出在三个市场同时均衡的情况下，外生冲击对柑橘价格、需求量等内生变量的影响程度。

第8章　本章对第7章中构建的理论模型进行实证分析。首先对理论模型中的参数进行拟合及设定，然后对生产者市场、中间商市场及消费者市场中外生冲击对内生变量的影响程度进行了测算，同时求出了柑橘的生产者价格及消费者价格双向传导的方向及大小，并对结果进行了深入的分析。

第9章　本章应用时间序列分析中的ARIMA模型，对我国柑橘鲜果的生产者价格数据进行建模，并对2020年之前的我国柑橘生产者价格的走势进行预测，以期能够为果农、中间商及消费者的经济决策提供一些参考依据。

第10章　本章对本书中国柑橘价格形成的主要结论进行了归纳总结；针

对中国柑橘市场现存的问题，为稳定柑橘市场价格、促进柑橘产业健康发展提出了相应的对策建议。

本书编写过程中，祁春节教授为本书提供了很多建议。另外，本书的编写也得到了笔者单位领导汤德森书记、徐方平院长、周芳副院长、熊友华副院长及同事的帮助和支持，没有他们的帮助，本书不可能顺利出版。

本书可供地方政府及相关研究人员、经济学相关专业的本科及研究生参考。由于笔者水平有限，并且本书涉及的知识点很多，尽管笔者力求完美，但仍难免有不妥之处，诚恳地期望广大读者和各位专家不吝指教。

龚 梦

2014 年 9 月

目 录

前言

第1章 引言 ………………………………………………………………… 1
   1.1 研究背景及意义 ………………………………………………… 1
   1.2 问题的提出及研究目标 ………………………………………… 3
   1.3 技术路线 ………………………………………………………… 4
   1.4 数据来源及研究方法 …………………………………………… 4
   1.5 可能的创新与不足 ……………………………………………… 7

第2章 相关理论与国内外研究概况 …………………………………… 9
   2.1 相关概念的界定 ………………………………………………… 9
   2.2 相关理论基础 …………………………………………………… 13
   2.3 国内外研究综述 ………………………………………………… 19
   2.4 中国柑橘鲜果价格形成的分析框架 …………………………… 27
   2.5 本章小结 ………………………………………………………… 33

第3章 中国柑橘价格体制改革的历程回顾 ………………………… 34
   3.1 柑橘市场政策的演变历史 ……………………………………… 34
   3.2 柑橘价格体制的改革历程 ……………………………………… 36
   3.3 柑橘价格制度变迁的新制度经济学解释 ……………………… 37
   3.4 柑橘价格形成的特点 …………………………………………… 40
   3.5 改革开放后柑橘市场取得的成效 ……………………………… 41
   3.6 改革开放后柑橘市场存在的问题 ……………………………… 44

3.7 本章小结 ··· 44

第4章 中国柑橘鲜果价格波动特征：1950~2011年 ·············· 46
4.1 柑橘生产者价格波动分析：1950~2011年 ···················· 46
4.2 柑橘鲜果价格周期特征分析——基于H-P滤波法 ············ 52
4.3 本章小结 ··· 56

第5章 中国柑橘鲜果价格影响因素：基于供给视角 ·············· 58
5.1 对供给视角的剖析 ·· 58
5.2 供给视角下柑橘鲜果价格影响因素 ······························ 59
5.3 柑橘生产者价格及其影响因素关系的实证研究 ··············· 67
5.4 本章小结 ··· 75

第6章 中国柑橘鲜果价格影响因素：基于需求视角 ·············· 77
6.1 对需求视角的剖析 ·· 77
6.2 需求视角下的柑橘鲜果价格影响因素 ··························· 78
6.3 研究方法、指标选取及数据来源 ·································· 84
6.4 柑橘消费者价格影响因素实证研究——基于VAR模型 ······ 86
6.5 本章小结 ··· 97

第7章 中国柑橘鲜果价格形成：一个理论模型 ····················· 98
7.1 理论模型的说明 ··· 98
7.2 模型的基本假设 ··· 99
7.3 柑橘鲜果价格形成理论模型构建 ································· 100
7.4 柑橘鲜果价格形成理论模型求解 ································· 108
7.5 理论模型的推广 ··· 112
7.6 本章小结 ··· 113

第8章 中国柑橘鲜果价格形成的实证研究 ·························· 114
8.1 理论模型相关参数的拟合 ·· 114
8.2 外生冲击对柑橘价格的影响 ······································· 117
8.3 外生冲击对柑橘产量的影响 ······································· 121

8.4	柑橘价格在不同市场中的传导研究	124
8.5	柑橘市场价格放大效应的验证	127
8.6	本章小结	129

第9章 中国柑橘鲜果价格预测：2012~2020年 … 130

9.1	ARIMA 模型介绍	130
9.2	数据来源及说明	131
9.3	模型的估计	132
9.4	模型的适应性及参数检验	135
9.5	预测结果及精度分析	136
9.6	本章小结	138

第10章 研究结论与政策启示 … 139

| 10.1 | 主要结论 | 139 |
| 10.2 | 政策启示 | 141 |

参考文献 … 147

附录1 中国柑橘生产成本核算标准调整步骤 … 158

附录2 中国柑橘价格形成理论模型的详细推导过程 … 159

第 1 章 引 言

1.1 研究背景及意义

1.1.1 研究背景

中国是世界上重要的柑橘生产及消费大国。截至2011年，中国柑橘的种植面积已达到228.83万公顷，产量已达到2944万吨，均居世界首位。改革开放以来，柑橘产业迅猛发展，现已成为世界上公认的柑橘出口大国。2011年，中国柑橘的出口量已经达到90.16万吨，出口产值为7.26亿美元。目前，柑橘国际贸易在我国农产品国际贸易中占据着非常重要的地位。

此外，柑橘产业的发展对我国经济社会的发展有着积极的影响，主要表现在以下三个方面：第一，柑橘产业的发展极大地促进了柑橘种植户收入的增加。众所周知，柑橘产品是重要的经济作物，具有较高的经济收益，能够提高柑橘果农的收入，改善他们的生活水平。第二，柑橘的产业化发展为城乡居民提供了大量的就业岗位。柑橘产业属于劳动密集型产业，其种植、采摘过程需要大量的劳动力，不仅能够解决农户自身的就业，还能为他人提供就业机会。此外，柑橘产业链上的其他环节，如农用物资的供应、深加工企业、进出口贸易等也为城乡居民提供了大量的就业岗位。第三，柑橘作为中国主要的出口果品之一，不仅优化了我国农产品的出口结构，也为我国的出口创汇作出了重要贡献。

事实上，柑橘产业的快速发展主要出现在20世纪90年代以后，尤其是1997年之后，在政府的大力扶持下，我国对柑橘产业有了较大的结构调整，柑橘产业化发展思路逐渐清晰。从2003年开始，农业部陆续公布了柑橘区域布局规划，并根据资源禀赋、市场区位、产业基础等情况调整并完善了柑橘的优势生产区域，目前已形成了长江上中游柑橘带、赣南—湘南—桂北柑橘带、浙—闽—粤柑橘带及鄂西-湘西柑橘带。柑橘的专业化、区域化生产极大地促进了柑橘产量的增加和品质的提高。目前，我国的柑橘产业已进入了营销时代，如何将产量颇大的柑橘水果在最短的时间内，以最快的速度送达消费者手中，成为迫切需要解决的问题。加入WTO后，我国彻底放开了果品市场，柑橘产业面临着巨大的机遇和挑战。

柑橘产业不仅可以满足人们的消费需求，还可以促进农民增收，现已成为区域经济发展和新农村建设的支柱产业。因此，国家对柑橘的生产、流通与销售非常重视，不仅提供了相应的政策扶持，还竭尽所能地支持柑橘产销地的基础设施建设。然而，中国柑橘产业在发展过程中也存在着一些问题，如单产水平还比较低、出口比例有所增加但有待提高、小生产与大市场的矛盾十分突出等，特别是受市场经济的影响，柑橘价格忽上忽下波动，经常会发生"柑橘卖难"的情况，使柑橘生产者遭受经济损失，挫伤柑橘生产者的积极性。例如，2011产季，赣南脐橙作为柑橘中重要的品种之一，再次丰产且产量创历史新高，而全国各大市场上柑橘的销售价格却一路走跌，出现了一系列的"卖难"问题，使果农、加工企业、合作社、龙头企业等营销主体都遭遇了不同程度的亏损，给柑橘种植地区的经济带来了较大的影响。因此，在市场经济条件下，掌握柑橘价格的波动规律及形成机制，找出影响价格的主要因素有着非常重要的意义。

1.1.2 研究意义

众所周知，柑橘价格是其生产成本和供求关系的综合反映，不仅与柑橘种植者的经济利益相关，而且与国家宏观经济政策有关。柑橘价格的变化更是柑橘市场关注的焦点。因此，系统地研究柑橘价格波动规律，找出价格波动的原因，在特殊的历史背景下有着特殊的意义。事实上，对柑橘价格形成机制的深入研究，不仅可以为柑橘种植者的生产决策提供参考，还可以为政府制定相应的扶持政策提供科学的依据，从而促进资源的有效配置，减缓柑橘市场价格波动，促进整个柑橘产业的持续、健康发展。

本书试图对市场经济条件下柑橘价格形成机制进行研究，定量测定各影响因素的大小，把握柑橘价格变化的原因、趋势及特点，提出应对方案，从而促进我国柑橘产业的长期稳定发展。为达到这一目的，本书借鉴国内外已有的文献资料及成熟的计量方法，对我国柑橘价格形成及影响因素进行理论及实证研究。该研究将综合考虑柑橘生产者市场、中间商市场和消费者市场的均衡，并建立柑橘价格形成的理论计量模型。

因此，总的说来，本书的研究意义主要有三点：①研究市场经济条件下柑橘的价格形成机制，弥补现有文献对柑橘价格研究的缺失。目前，学者们关注的焦点还集中在农产品价格的研究上。而农产品价格方面的研究结论一般都比较笼统，并没有考虑柑橘品种的独特性质，对柑橘产业的指导意义并不大，故本书专门研究柑橘的价格形成机制及影响因素，既能够弥补现有文献的不足，又能为柑橘产业的发展提供相应的参考。②找出柑橘价格波动的主要影响因素，可以从根源上控制价格剧烈变化，为政府、消费者及柑橘种植户提供合理的对策建议。迄今为止，还没有学者系统地研究柑橘价格的影响因素并测定因素的影响程度，本书的研究具有较强的实践意义，同时也可为其他农产品价格的研究起到借鉴作用。③找出柑橘价格形成的规律，可以帮助生产者、中间商及消费者理解柑橘价格波动的深层次原因，帮助各市场主体理性地参与柑橘的生产及经营，促进柑橘市场的健康发展。

1.2 问题的提出及研究目标

1.2.1 问题的提出

近年来，柑橘市场价格波动幅度较大，柑橘市场的参与主体尤其是生产者常常遭遇较大的经济损失。目前，对于政府、消费者及柑橘生产者来说，并没有掌握市场经济条件下价格的运行规律，还不能明确地回答我国现有的柑橘价格形成机制如何？是否合理？未来的走势是什么？究竟是哪些因素影响柑橘市场的价格变化？这些因素的影响程度有多大？价格参与主体应该怎样规避价格风险？本书将围绕这些问题展开，给这些问题一个较为合理的解释。

1.2.2 研究目标

本书主要对市场经济条件下柑橘价格形成的主要影响因素进行研究，定量测定各主要影响因素的大小，把握柑橘市场价格变化的原因、趋势和特点。为了这一目标的实现，本书同时考虑柑橘生产者市场、中间商市场和消费者市场三个市场的均衡，建立柑橘价格形成的理论模型，并对柑橘生产者市场与消费者市场之间的价格传导进行讨论。结合上述问题，对柑橘鲜果价格形成机制及主要影响因素进行深入研究，并预期实现以下目标。

（1）全面回顾我国柑橘价格体制改革的历程。对柑橘市场政策的演变历史及价格改革的历程进行回顾，并以制度变迁的视角进行经济学解释，对我国现行价格体制取得的成效及存在的问题进行分析。

（2）分析我国柑橘鲜果价格的波动特征。着重分析改革开放以来，柑橘的名义生产者价格及实际生产者价格的波动情况，并对柑橘价格波动的周期进行划分，找出波动规律并分析波动原因。

（3）从供给及需求角度找出影响我国柑橘生产者价格及消费者价格的影响因素，并对价格及影响因素的关系进行实证分析，测算出各影响因素对价格的影响程度及大小。

（4）对柑橘价格形成过程进行探索式研究，建立简化的柑橘价格形成的理论模型。该模型综合考虑柑橘生产者市场、中间商市场和消费者市场三个市场的均衡，可以在理论上测算出各主要影响因素对柑橘价格的影响程度。

（5）对所建立的柑橘价格形成的理论模型进行参数拟合，引入柑橘市场的数据进行实证分析，计算出各主要影响因素对价格的影响程度及不同市场间价格传导的大小及方向。

（6）对柑橘鲜果价格进行预测，以期能够为柑橘生产者、中间商及消费者的经济决策提供一些参考依据。

1.3 技术路线

技术路线是引导本研究从选题、构思到理论与实证研究的总体性研究规划。本书的研究思路如下：首先提出问题，查阅相关文献，提出本书的一般理论分析框架。其次，分析历年柑橘价格波动的特征，找出柑橘价格的主要影响因素。再次，建立柑橘价格形成的理论模型，并对模型中的参数进行拟合和设定，求出主要影响因素对柑橘价格的影响程度。最后，对柑橘价格进行预测，并给出结论与政策建议。

本书所采用的具体技术路线如图1-1所示。

1.4 数据来源及研究方法

1.4.1 数据来源

本研究所用的数据主要来源于数据库及文献统计资料。数据库主要包括：①中国知网的年鉴数据库（http：//www.cnki.net/）；②中国资讯行（http：//

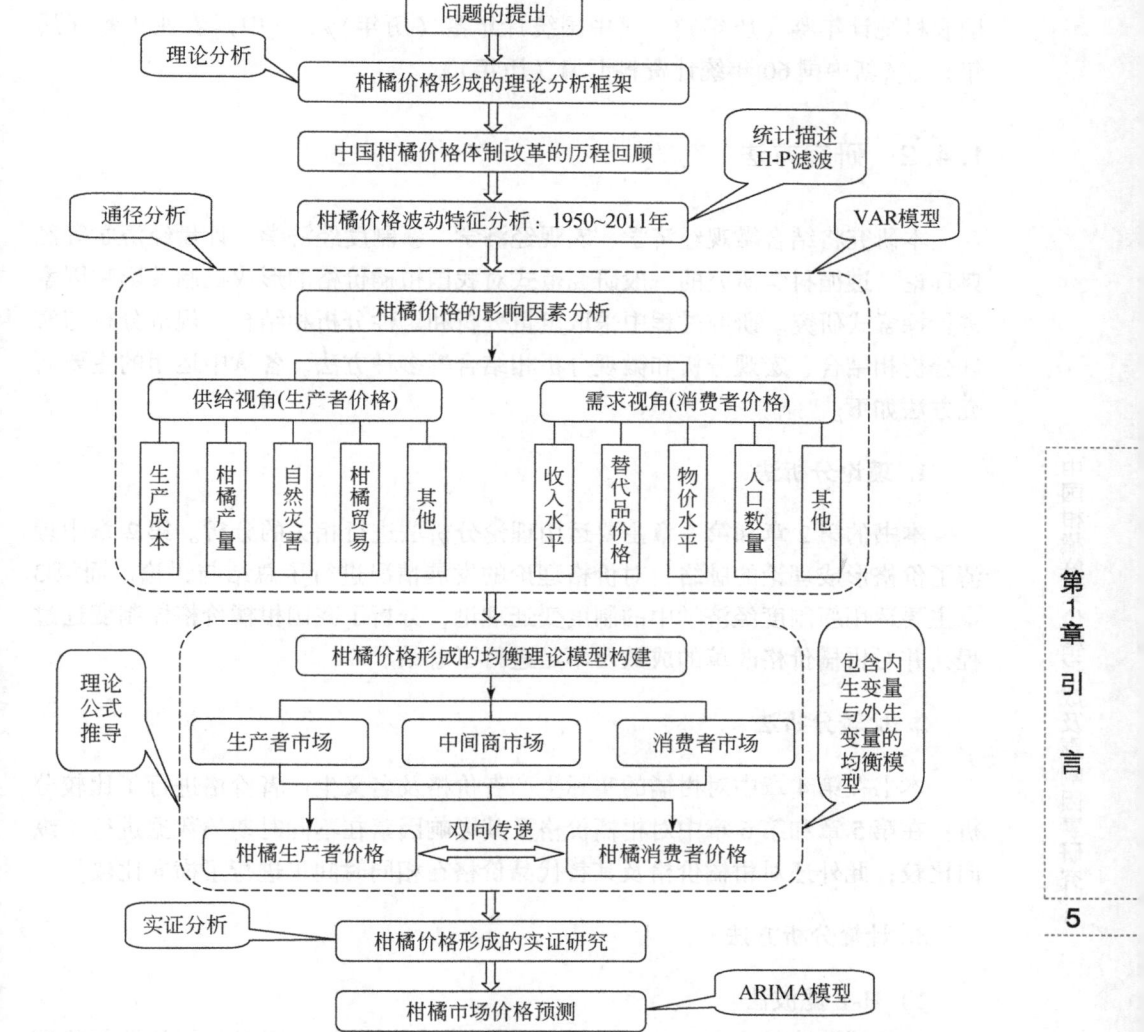

图 1-1　本书的技术路线图
Fig. 1-1　The Technology Roadmap of this Book

www.bjinfobank.com/）；③搜数网（http：//www.soshoo.com.cn/）；④国研网（http：//edu-data.drcnet.com.cn/web/）；⑤联合国商品贸易统计数据库（UN Comtrade Database，http：//comtrade.un.org/db/）；⑥联合国粮农组织统计数据库（FAOSTAT，http：//faostat3.fao.org/home/index.html）。

文献统计资料主要包括：《全国农产品成本收益资料汇编（历年）》、《中国农村统计年鉴（历年）》、《中国统计年鉴（历年）》、《中国农业年鉴（历年）》、《新中国60年统计资料汇编（历年）》。

1.4.2　研究方法

本研究将结合微观经济学、宏观经济学、新制度经济学、计量经济学等经典理论，遵循科学研究的一般研究范式对我国柑橘价格的形成机制及影响因素进行探索式研究。研究过程中采取定量分析和定性分析相结合、规范分析与实证分析相结合、宏观分析和微观分析相结合等多种方法。各章中运用的主要研究方法如下。

1. 理论分析法

本书的第2章和第3章主要运用理论分析法进行相关的分析。第2章中理清了价格形成理论的脉络，对价格理论的发展情况进行了总结与讨论。而第3章主要运用新制度经济学中的制度变迁理论，分析了我国柑橘价格体制变迁过程，并对柑橘价格改革的成效及不足进行了总结。

2. 比较分析法

本书在第4章中对柑橘的实际生产者价格及名义生产者价格进行了比较分析；在第5章和第6章中对柑橘价格及其影响因素在不同时期的数据进行了纵向比较；此外还对柑橘价格及其替代品价格在相同时间里进行了横向比较。

3. 计量分析方法

1）H-P滤波法

H-P滤波法是由Hodrick-Prescott于1980年提出的，用以分解长期趋势和循环趋势的一种滤波方法，出现在本书的第4章。第4章中通过H-P滤波法将柑橘的实际生产者价格分解成长期趋势和循环要素序列。然后，通过循环要素序列来划分柑橘价格的波动周期。

2）通径分析法

通径分析，也叫路径分析，该方法最早于1921年由美国遗传学家Sewall Wright提出，主要应用于群体遗传学。直到1934年，Wright在 *The Method of Path Coefficients* 中正式将路径分析作为一种统计方法介绍给大众，后被引入经济社会学研究中。该方法应用于第5章，分析柑橘生产者价格及其影响因素的关系。通径分析方法是一种研究多个变量之间多层因果关系及其相关强度的方法。它可以找出模型中任意两个变量间是否存在相关关系；若存在相关关系，则可进一步研究两者间是否有因果关系，可以测算出变量间的直接影响与间接影响。

3）向量自回归模型

向量自回归模型（VAR 模型）是在 1980 年由西姆斯提出的，是当今世界上的主流模型之一，近年来受到越来越多的经济工作者的重视。VAR 模型是用模型中所有当期变量对所有变量的若干滞后变量进行回归，主要用于预测或分析随机扰动对系统的动态冲击的大小、正负及持续的时间。第 6 章中运用 VAR 模型来分析柑橘消费者价格及其影响因素的关系。

4）均衡移动模型

均衡转移模型（EDM）应用于第 7 章中柑橘鲜果价格形成的理论模型构建。该模型将柑橘生产者市场、中间商市场及消费者市场进行简化，构建了柑橘价格形成系统。该系统由 6 个联立方程组成，其中有 6 个内生变量和 6 个外生变量。系统中的内生变量相互影响；外生变量相互独立。通过对数及全微分变换，以及对方程组运用克莱姆法则求解，可以在理论上测算出影响柑橘生产者价格、消费者价格的外生变量变动对系统内生变量变动的影响程度。

5）ARIMA 模型

ARIMA 模型主要应用于第 9 章对我国柑橘价格的预测。ARIMA 模型是统计学中对于时间序列数据分析的一种重要研究方法，该方法主要应用于对非平稳时间序列数据的建模。通常情况下，非平稳时间序列中包含趋势性、季节性或周期性等因素。对非平稳序列进行建模，需要检验数据的平稳性，若平稳就可以直接建模，如果不平稳，需要进行差分运算直至成为平稳序列后再建模。此外，还要对数据进行白噪声检验。若数据是白噪声序列，说明数据是没有记忆性的，数据的研究价值不大。如果数据不是白噪声序列，说明数据中包含了大量信息，有研究价值。随后，对模型定阶，确定其阶数，并对模型的显著性及参数的显著性进行检验。

1.5 可能的创新与不足

1.5.1 可能的创新

（1）首次将我国柑橘价格分为生产者价格与消费者价格并分别进行理论

与实证研究。运用通径分析方法研究了生产者价格与主要影响因素之间的关系，得出生产成本、受灾面积及总产量对柑橘的生产者价格影响较大；通过VAR模型研究了消费者价格与主要影响因素之间的关系，得出居民可支配收入、CPI及替代品价格对柑橘的消费者价格影响较大。

（2）首次构建了柑橘价格形成的理论模型，将生产者价格与消费者价格纳入了柑橘价格形成体系之中，具有一定的创新性。该模型将柑橘经由生产者市场、中间商市场、消费者市场达到均衡价格的过程进行了数理推导。对理论模型的实证研究可以测算出柑橘生产者价格、消费者价格、供给量、需求量等内生变量在外生冲击下的反应程度。

（3）本书对柑橘价格传导的研究在方法上具有创新性。在研究柑橘生产者价格及消费者价格的双向传导过程中，不仅考虑了中间商市场的衔接作用，还同时兼顾三个市场的均衡，比目前学术界在价格传导问题上的研究更为深入。结果显示，柑橘在生产者市场和消费者市场之间的价格传导是极不对称的。柑橘由生产者市场的外生冲击引起的生产者价格每上涨1%时，只有约0.7254%可以传递到消费者价格中去；而由柑橘消费者市场的外生冲击引起的消费者价格每上涨1%时，约有1.5926%可以传递到生产者价格中去。

1.5.2 不足之处与展望

上一节主要讲述了本书存在的三个可能的创新点。然而，本书也有不足之处，主要表现在以下两个方面：

（1）柑橘价格形成模型只考虑了主要影响因素。在构建柑橘价格形成理论模型的过程中，仅根据数据的可获取性挑选了一些主要的影响因素进行分析及模拟。例如，柑橘的生产函数及消费者效用函数中考虑的因素仅为公认的影响因素，还有其他一些影响因素并没有加入模型，存在一定的缺憾。在以后的探索中，可以在现有模型的基础上加入更多的影响因素，进行更细致、准确的分析与测算，使其对现实的解释力更强。

（2）样本数据的选择。本书主要研究柑橘生产者价格、消费者价格的影响因素及价格形成过程。在实际操作中，影响因素的选择很大程度上取决于柑橘数据获取的难易程度。因为目前柑橘并不属于我国主要农产品的范畴，很多官方统计资料中柑橘品种的统计数据缺失，这增加了本研究的难度。此外，不同网站和数据库中柑橘生产、贸易等数据的统计口径不太一致，在实证的过程中需要转化，而转化的过程很可能改变了数据的关系，对本研究的结论有一定的影响。

第2章 相关理论与国内外研究概况

2.1 相关概念的界定

2.1.1 柑橘鲜果

柑橘，因其含有多种维生素及对人体有益的微量元素，而成为营养价值极高的经济作物。柑橘的果实直径为5~7cm，呈橙黄或橙红色，果皮薄且易剥离。一般春季开花，10~12月果实成熟。通常情况下，人们将柑橘鲜果从树上采摘下来到进入消费市场的时间称为一个产季。目前，用作经济栽培的有3个属，分别是枳属、柑橘属和金柑属。我国栽培的柑橘主要是柑橘属。

我国是柑橘的重要原产地之一，柑橘资源丰富，优良品种繁多，有4000多年的栽培历史。经过长期的栽培、选择，柑橘已成为人类的珍贵果品。据统计，目前世界上有135个国家生产柑橘，柑橘在果品中的地位已无法替代。我国柑橘产量已经位居世界第一，包括台湾在内共有19个省份生产柑橘。其中，主产柑橘的有浙江、福建、湖南、四川、广西、湖北、广东、江西、重庆和台湾10个省份。

在我国，柑橘一般可以分为"柑、橘、橙、柚"四大类。柑、橘、橙是柑橘类水果中的三个不同品种，由于它们外形相似，所以易被人们所混淆。目前，我国有一些非常著名且有地方特色的柑橘品牌如广东砂糖橘、黄岩蜜橘、赣南脐橙、寻乌蜜橘等远销海内外。

本书侧重于研究柑橘鲜果总体的价格波动及规律，所涉及的柑橘鲜果的界定基于联合国商品贸易统计数据库的分类标准，主要包括 SITC Rev.2 分类方法中 0805 类产品（柑橘属水果），具体包括 080510（甜橙）、080520（宽皮橘）、080540（葡萄柚及柚）、080550（柠檬及酸橙）、080590（其他柑橘属水果）五类（表2-1）。

表 2-1　柑橘鲜果的界定

Table 2-1　Definition of Fresh Citrus Fruit

柑橘品种	编码	柑橘鲜果名称
0805 类产品（柑橘属水果）	080510	甜橙
	080520	宽皮橘
	080540	葡萄柚及柚
	080550	柠檬及酸橙
	080590	其他柑橘属水果

注：此表是作者对《中国海关统计年鉴》柑橘品种的分类进行整理而得

根据国际上通用的分类标准，柑橘属水果具体包括甜橙、宽皮柑橘、柠檬和酸橙、葡萄柚和柚及其他柑橘类水果。我国柑橘生产以宽皮柑橘为主。本书中提到的柑橘如没有特殊说明，都是指柑橘鲜果。柑橘类鲜果的加工品如果酱、果冻、果泥、果膏、水果罐头、橙汁、葡萄柚汁、柠檬汁等都不在本书的研究范围之类。

2.1.2　柑橘市场

从历史上看，控制我国柑橘价格形成的主要有政府和市场两种力量。改革开放初期，物资匮乏，政府对柑橘市场的干预较多，那时候的柑橘价格多为政策价格。随着经济的发展，政府逐渐放开了管制，柑橘市场逐渐开放。伴随着 WTO 的加入，市场已经在价格形成中占据主导地位。因此本书的研究，将着重研究柑橘的市场价格形成规律。

柑橘市场根据购买者的身份和购买目的来划分，可以分为生产者市场、中间商市场及消费者市场。生产者市场、中间商市场及消费者市场的定义如表 2-2 所示。

表 2-2　市场的定义

Table 2-2　Definition of Market

名称	含义
生产者市场	生产者市场又叫产业市场，是指购买商品和劳务的目的是为了再生产从而采购的组织形成的市场
中间商市场	中间商市场又称为转卖者市场，是指为了转售而采购的组织形成的市场，其市场主体主要包括批发商、零售商、代理商和经销商等
消费者市场	消费者市场是指为满足自身生活消费需要，从而购买商品的所有个人和家庭构成的市场

注：此表是作者整理相关概念和定义而得

表2-2中对市场的定义具有普遍性。具体来说，柑橘生产者市场是由那些购买柑橘生产资料如树苗、化肥、农药等，用来生产柑橘产品，从而出售给他人的个人或组织构成的。在我国，柑橘的生产者是千千万万个分散且规模很小的农户，他们通常将成熟的柑橘鲜果出售给中间商。此外，生产者市场上的需求是派生需求且需求一般都缺乏弹性。

柑橘的中间商市场是指那些从柑橘产地购买柑橘鲜果并将之转售给他人，从而获取利润的个人或组织。中间商市场的主体是经纪人、贩卖商、经销商、批发商、加工企业等。他们从柑橘的生产者市场购买柑橘，以进一步转售或加工生产为目的将柑橘销售给个人或组织，而不是销售给最终消费者。事实上，柑橘中间商市场的需求是派生的，是受最终消费者市场影响的。然而，中间商的购买是为了转售，其需求更为直接地反映了消费者的需求。此外，中间商对价格更为重视，因为他们购买的目的是转售，从而实现贱买贵卖。价格因素对中间商市场的需求影响很大，购买价格的高低将影响中间商市场及消费者市场的需求量。

柑橘消费者市场是由为了满足自身需要而购买柑橘的个人或家庭（统称为消费者）构成。事实上，柑橘消费者市场才是柑橘市场的终端。消费者购买柑橘具有非营利性，因为他们的购买是为了最终消费而不是获利。此外，消费者对柑橘的需求取决于个人偏好、收入、产品质量、替代品价格等一系列因素的影响。

此外，按照市场上的竞争状况可以将市场分为完全竞争市场、完全垄断市场、垄断竞争市场及寡头垄断市场。具体见表2-3。

表2-3 市场的分类
Table 2-3 Definition of Market

名称	含义
完全竞争市场	是一种较为极端的市场，是指几乎不受到外界的任何干扰，买卖者众多且不存在不完全竞争的市场结构
完全垄断市场	简称垄断市场，是与完全竞争市场相对应的另一种极端市场，指有很多需求者，但是只有唯一一个供给者的市场结构
垄断竞争市场	是一种介于完全竞争和完全垄断之间的市场结构，在这种市场中，既存在着激烈的竞争，又具有垄断的因素
寡头垄断市场	是介于垄断竞争与完全垄断之间的市场结构，指少数几个企业控制整个市场的生产和销售，这几个企业被称为寡头企业

注：此表是作者整理相关概念和定义而得

表2-3为4种不同市场类型的定义。其中，完全竞争市场的特点是市场的参与者非常多，但都只能被动地接受市场价格，没有主动的定价权，且基本不受到外界的影响。完全垄断市场与完全竞争市场是相对应的，指市场上的消费者众多，而生产者仅仅只有一个，由于没有替代品，仅有的一个产品供给者在市场上具有绝对的垄断地位。垄断竞争市场是介于完全竞争市场和完全垄断市场之间的一种市场。寡头垄断市场是指少数几个企业具有绝对的垄断地位。

然而，我国柑橘市场属于哪一种类型呢？在我国，改革开放以后，尤其是1984年以后，国家解除了对水果市场的干预，柑橘市场逐渐开放，柑橘的价格也基本上由市场来决定。目前，柑橘市场上的买者和卖者都不计其数，柑橘的卖者是国内千千万万个分散且规模很小的柑橘种植户，他们生产柑橘并通过流通渠道卖给市场上的消费者。柑橘的买者是众多地理位置分散的个人或者组织。通过多次实地调研发现，目前还没有哪个或哪几个企业或者个人有足够的能力来操纵柑橘市场价格。不管是生产者、中间商还是消费者，都是柑橘市场价格的接受者。因此，柑橘市场目前已被业界公认为接近完全竞争市场。

2.1.3 柑橘价格

柑橘的价格有很多种类。因为柑橘鲜果从生产地到达消费者手中会经历生产者市场、中间商市场，并最终到达消费者市场。更具体地说，柑橘鲜果会经历生产、收购、加工、批发、零售等几个环节。在我国，柑橘的生产和加工环节是分开的，因为我国柑橘产业目前尚未实现一体化经营。一般情况下，柑橘的种植户即果农只负责生产柑橘，而柑橘加工企业则负责柑橘的收购与加工。柑橘的加工主要是指对柑橘鲜果进行清洗、打蜡、包装和冷藏等初级加工。紧接着，经过初加工后的柑橘鲜果将销售到批发市场的一级批发商、超市，或者经由一级批发商再进行二次批发，销售给集贸市场的零售摊贩，最后销售给个体或集团消费者。

柑橘从生产者手中到达消费者手中要经历很多环节，这些环节上都存在着交易，从而形成了不同的柑橘价格。对柑橘价格的定义如表2-4所示。

表2-4 柑橘价格的分类
Table 2-4 Definition of Citrus Price

名称	含义
生产者价格	生产者价格也叫收购价格，指生产者出售其柑橘所使用的价格，是柑橘离开生产领域进入流通领域或直接进入消费领域时的价格

续表

名称	含义
生产者价格（名义）	名义生产者价格是指以某些货币表示的，未经过通货膨胀调整的生产者价格
生产者价格（实际）	实际生产者价格，是指名义生产者价格剔除通货膨胀后的价格
收购价格	即生产者价格，它是产地自由市场价格，是农民出售柑橘鲜果所得到的价格，在国外亦称之为农户价格
批发价格	批发价格是指柑橘在批发市场上交易形成的价格。在我国，批发市场价格分为产地批发市场价格和销地批发市场价格
超市价格	超市价格是指柑橘在超级市场上交易形成的价格。在我国，超市面向的是消费者，是柑橘的终端市场之一
集贸市场价格	集贸市场价格是指柑橘在集贸市场上交易时形成的价格。集贸市场是城乡居民现货交易的固定场所，是柑橘的终端市场之一
消费者价格	消费者价格是指消费者购买柑橘时的价格。集贸市场和超市都是柑橘的消费终端，集贸市场价格和超市价格都属于消费者价格

注：此表是作者整理相关概念和定义而得

因此，从柑橘的流通过程来看，柑橘在生产阶段产生的价格叫做生产者价格（2000年以前称之为收购价格），它是产地自由市场价格，是农民出售柑橘鲜果所得到的价格，在国外亦称之为农户价格。此外，柑橘经由批发市场产生的价格叫做批发市场价格；而在消费者市场上产生的价格叫做消费者价格。

柑橘生产者价格以生产成本和利润为基础，是批发市场价格及消费市场价格的基础和起源。其中，批发市场价格是柑橘在流通环节产生的中间价格。而消费终端主要面向众多消费者。目前来说，主要的柑橘消费终端是集贸市场及超市，即柑橘的集贸市场价格和超市价格都属于消费者价格。本书将着重研究柑橘生产者价格及消费者价格的影响因素及二者的关系。

2.2 相关理论基础

2.2.1 价格理论脉络与回顾

价格理论是在长期实践过程中不断改进与完善而形成的理论。一开始，人们对价格的认识是浮于表面且比较零散的。随着研究的逐步深入，学者们对价格的认识逐渐系统化，价格理论得以发展并最终形成了较为完善的价格理论体系。

从发展阶段来看，价格理论的发展可以大致分为四个阶段：启蒙阶段、争议阶段、统一阶段及发展阶段，如表 2-5 所示。

表 2-5 价格理论的发展历程
Table 2-5 Development History of Price Theory

阶段	代表人物	时间	主要内容
启蒙阶段	Albertus Magnus, Thomas Aquinas	17 世纪以前	用自己的理解解释并阐述了价格的含义。Albertus Magnus 和 Thomas Aquinas 的理解不同。Albertus Magnus 认为人们的劳动会产生价值，从而在一定程度上影响商品的价格；而 Thomas Aquinas 对人的感觉更为敏感，认为价格在很大程度上由人们的需求引致
争议阶段	William Petty, David Ricardo, William Stanley Jevons, Walras, etc.	17~19 世纪	两个学派对价格理解上的不同，使得它们的理论出发点存在着较大的差异。此外，二者基本上停留在互相排斥的阶段。其中一个学派认为只有劳动才能决定价格，另一个学派坚持认为只有效用才能决定价格
统一阶段	George Catlett Marshall, E. H. Chamberlin, Joan Robinson, etc.	19~20 世纪中期	在 20 世纪 50 年代之前，不同学派的理论逐渐被学者们借鉴和融合，产生了马歇尔价格理论，并在此基础上提出各种改进，使得该领域的研究向前迈进了一大步
发展阶段	Stigler, Friedman, Peter, Hirshleifer, Schefold, etc.	20 世纪中期以后	在深入研究众多学者提出的价格理论的基础上，进行了继承和发展。举例来说，斯蒂格勒研究了价格是否会受到不对称信息的影响。还有学者对价格理论进行了其他深入的探究

注：此表是作者整理有关文献而得

伴随着经济社会的发展，人们从来没有放弃对价格现象进行理论和实践上的探索和总结。目前，将价格理论以学派来划分，可以分为四个主要的理论学派，具体如表 2-6 所示。

表 2-6 价格理论的学派划分
Table 2-6 Schools of Price Theory

学派	代表人物	研究结论
劳动价值论学派	Albertus Magnus, William Petty, John Stuart Mill, Karl Heinrich Marx	任何一种商品不论大小、品质、色泽都有其存在的价值。有价值的商品进入交易中，就会形成价格。而价格与生产商品的劳动及各项其他生产性投入有很大的相关性

续表

学派	代表人物	研究结论
边际效用价值论学派	Carl Menger, William Stanley Jevons, Walras, Friedrich Freiherr von Wieser	同样，有一定价值的商品一旦进入买卖活动中，就会形成价格。虽然效用概念包含了很多感官的因素，且不容易衡量，但该学派还是认为商品的价格在很大程度上是由使用商品后的效用来决定的
供求均衡学派	Alfred Marshall	任何一件有价值的商品供应给市场的能力是有限的，此外，社会对商品的需求量也不是一成不变的，只有当总供给和总需求基本上相等的时候，才会产生双方都满意的价格
斯拉法价格论学派	Piero Sraffa	对于任何一件商品，生产中总花费与总收益的比例关系，以及劳动与资本这两种生产投入的比例关系对商品价格的形成有很大的影响

注：此表是作者整理有关文献而得

目前来说，不同学派的价格理论对价格的阐述都有一定的道理。相比而言，马歇尔提出的价格均衡理论在全球有较多的赞同者，可以称为当前主流的价格理论。该理论对价格在不同市场条件下的形成及波动进行了详尽的理论分析，已经发展得较为完善。其中值得一提的是，马歇尔在其《经济学原理》中指出：在相对较短的时间内，对商品价格起主要作用的是商品的效用；而在相对较长的时期内，对商品价格起主要影响作用的是生产商品过程中成本投入的大小。

经过多年的发展，价格理论去伪求真，已发展得越来越完善。目前，在最理想的市场即完全竞争市场下，均衡价格产生的理论研究成果已得到认可。随后，学者们的研究逐步放开了市场的条件，并产生了垄断竞争市场下的均衡价格理论及其他不完全竞争市场环境下的价格理论。

此外，还有一些专家学者，如赫舒拉发、弗里德曼、斯蒂格勒、汪林海、何全胜等潜心研究价格理论，并出版了相关的学术专著，为价格理论的发展起到了很好的推动作用。随着研究的深入，价格理论在原有理论基础上逐步完善，价格理论的未知领域越来越少，在社会生活中的指导作用越来越大（表2-7）。

表2-7 价格理论的主要研究学者及观点
Table 2-7 Scholars and Their Achievements of Price Theory

作者	代表作	主要观点
杰克·赫舒拉发	《价格理论及其应用》	对当前价格理论的主流观点和理论进行了整理与总结

续表

作者	代表作	主要观点
米尔顿·弗里德曼	《价格理论》	拥有芝加哥学派的特点，创新之处在于引入了货币理论，将宏观经济理论用来分析微观经济，具有一定的创新性。此外，作者还对其他经济学派提出了质疑和批判
汪林海	《价格理论》	对目前学术界主流的价格学说进行了总结，对消费者选择这一主题进行了深入的探讨，并以此为基础讨论了房价的问题
斯蒂格勒	《价格理论》	指出同一种商品在市场交易中有可能存在几种不同的价格。在非对称的信息环境下，品质、色泽相同的产品在市场间的销售价格可能存在很大的差异，这种差异是由获取完全信息而花费的成本来决定的。而在信息对称的环境中，交易双方对市场价格的把握使得相同产品出现售价不同的概率大大降低
何全胜	《新价格理论》	创新地提出了外生价格的概念。外生价格的提出，对由政府管制、行政力量、人为因素等产生的价格有了合理的解释，对当前流行的均衡价格理论有了很好的补充和完善，具有一定的创新性

注：此表是作者整理有关文献而得

表2-7对价格理论的关键代表作及其创新进行了阐述，尤其是我国学者何全胜在仔细研读文献、吸收价格理论精华知识后，从经典价格理论中可能存在的错误或者容易产生误会的地方入手，提出了对现实解释能力更强的"新价格理论"，具有一定的创新性。其中，新价格理论对价格从内生和外生角度进行分类和识别，对价格理论的发展有着重要的作用。

2.2.2 制度变迁理论

制度变迁理论是新制度经济学中不可忽略的一个重要内容。经过学者们不断地研究与积累，在20世纪中期，几个著名的经济学家们提出制度因素对经济增长也存在着很大的影响，并最终把制度因素纳入解释经济增长的分析中来。制度是指人为规定的、以团体或者组织为单位、组织内部的成员必须遵守的、对人的行为起到约束作用的规则。诺思将制度理解为另一个相似的概念，叫做制度安排。事实上，制度安排也是一种行为规则，只不过这种规则还可以支配经济参与主体之间的关系。具体而言，主要是指主体间的合作或者竞争关系。制度安排的优点是可以使得经济参与主体获得额外的收益，或者引起现有制度向收益更高的制度变迁，从而改变经济参与主体之间的合作或者竞争方式。

美国经济学家道格拉斯·C.诺思（Douglass C. North）为新制度经济学领域作出了重要贡献，是制度经济学成果的杰出代表。为此，他还获得过诺贝尔经济学奖。他的主要成就是再次发现制度因素在社会发展中所不能忽略的潜在作用，并通过自己的思考和智慧的积累，创立了制度变迁理论。这一切注定了他在经济学界的基础地位是不能动摇的。制度变迁理论包含三个最重要的组成部分，分别是：①产权理论。因为产权可以促使个人或组织为了自身的利益，不断进行制度变迁。②国家理论。因为国家是制度的供给者，是实施产权的主体，在制度变迁中的地位举足轻重。③意识形态理论。因为意识形态影响着人们对事物的看法和表现。

具体而言，制度包括以下三个要素：①正式制约。这类制约根据要求的不同，有不同程度的强制性，如法律规范就是正式制约之一。②非正式制约。这类制约主要受到意识形态和传统规范的约束，如习俗、宗教、道德等都属于非正式制约。③是正式及非正式制约的实施。

制度是由经济参与主体中的单个个体或者组织团体通过智慧生产出来的。因此，制度的供给主体是个人或团体。在本质上，它属于一种公共物品。资源是稀缺的，相对于人们的欲望，制度供给同社会资源一样是匮乏的。随着时代的变化和发展，人们会发现现存的制度与时代的发展之间的矛盾会日益突出，故人们对提出新制度的需求会持续增加，对因制度变迁而导致的预期收益有着更高的期待，这也是制度变迁的动力。与经济学原理类似，当人们对制度的需求与经济参与者对制度的供给实现基本均衡时，现存的制度才是稳定的；而当现存制度与人的需求不均衡时，人们会在潜在利润的引导下，促进制度变迁。当然，制度变迁的实施与否，在很大程度上取决于引致制度变迁所花费的成本及制度变迁的预期收益大小。作为理性参与者，只有在收益大于成本时，制度变迁主体才可能在潜在利润的引导下推动直到实现最后的制度变迁。

一般情况下，制度变迁分为以下几个过程：①形成"初级行动团体"。这是制度变迁中起重大决策作用的主体之一。②提出有建设性的、有潜在利润的制度变迁方案。③根据利润最大化原则，对几个制度创新方案进行对比和评价，选择出最优的方案。④形成"次级行动团体"。该行动团体也是制度变迁的重要主体之一，主要是协助初级行动团体完成制度创新任务，从而获得更好的经济收益。⑤两个行动集团携手促进制度变迁。

此外，根据引致制度变迁的主体的不同，可以将其分为诱致性制度变迁与强制性制度变迁。其中，诱致性制度变迁由一群（个）人在发现潜在的利润后所进行的自发性变迁。而强制性制度变迁是指由政府法令引致的变迁。这种变迁具有强制性，适用范围广且较难改变。

2.2.3 消费者行为理论

消费者行为理论主要研究消费者面对有限的收入，如何对收入进行分配从而购买到自己喜欢的、满意的、效用最大化的商品或者服务的理论。因此，消费者行为理论还以是否满足消费者的物质及精神需求为主要衡量标准。目前，学术界采用"效用"这个概念来表示这种较为抽象且不易计算的由于消费而引起的满足感。对这种消费满足感的衡量有两种方法：一种是将消费者的满足感数量化，以大小来比较哪个效用更高，称之为基数效用论；另一种是将消费者的满足感用名次的方式来衡量效用的高低，称之为序数效用论。后者更流行，在实践中的运用更为普遍。

在消费者行为理论中，认为所有的消费者都是经济人，能够自主地、理性地挑选出自己喜欢的商品，知道自己想要购买的商品组合，且能够辨别哪种商品使自己的效用最大。如前所述，效用实际上是人实现目标后的一种满足感。由于效用的概念相对比较抽象，所以对效用的评价包含了很多主观成分。不同的人，因为时间、距离、地理位置的不同，对效用的感觉应该是不同的。

研究效用论的主要经济学家是 Carl Menger（奥地利）、Walras（法国）、William Stanley Jevons（英国）及一些其他学者。效用论认为消费者在能力可支配范围内选择满意度最高的商品时，追求的是效用最大化。这个原则对消费者行为理论的发展有着非常重要的作用。

事实上，消费者的需求分为有效需求和实际需要两个不同的概念。有效需求是指消费者在经济收入能够承担的范围内，能够购买到需要产品的实际数量。而实际需要是指不考虑经济收入及购买能力的影响，消费者内心渴望的对产品消费的数量。相比而言，有效需求对消费者而言，是衡量效用的一个重要的约束条件。在实践中，消费者的无差异曲线与收入支出的预算线相交的切点，就是消费者满足效用最大化的点。

2.2.4 价格传导理论

由前述的经典价格理论可知，任何一种商品的价格都是由市场上供给与需求达到稳定均衡而产生的。商品在生产前，会有产品的原料、人工等前期投入，这些投入出现在商品的生产阶段。此外，在产品的消费市场上，市场的需求对产品的价格也有着很大的影响。由此可见，商品价格的决定与产品的生产市场及需求市场都有着很大的联系。

商品的价格与生产市场上的投入是分不开的。任何一种商品，生产出来是有成本投入的。成本在商品价格中占较大的部分。一般情况下，当价格大于成本时，有盈利；而当价格小于成本时，销售商品会出现亏损；仅仅当商品的价格等于成本的时候，供给者并没有获得盈利。因此，生产成本与价格的关系是相互影响的。事实上，成本投入主要包括两个内容：一是生产要素投入，指劳动、土地等资源的投入；二是指商品生产技术的投入。一般情况下，前者的投入见效快，而后者的投入回报较慢。因此，通常情况下，商品价格的变化很有可能是生产商品的要素价格发生了变化而导致的。

价格传导实际上是要研究不同市场间价格传递的方向及传递的大小。事实上，价格的传导过程是非常复杂的。任何一件商品，从生产领域到达消费者手中，要经历生产者市场、中间商市场及消费者市场。通俗地讲，价格传导是要研究价格从生产者市场向消费者市场传递的大小及价格从消费者市场返回生产者市场的途径及影响程度。而对价格传导进行理论上的分析，是想探究商品沿着产业链条移动的过程中，价格在链条上的不同环节具体是如何变化的、变化的程度如何，以及哪些方法可以避免价格出现异常波动、怎样维护供给方及需求方利益等问题。

目前关于价格传导方面的研究较多，很多学者对不同农产品在市场间的传导进行了研究。本书将通过柑橘理论模型的构建研究价格在柑橘生产者市场及消费者市场间的传导。

2.3 国内外研究综述

2.3.1 价格波动的理论研究综述

价格波动是价格问题研究的首要任务。在实践中，商品的价格会围绕着价值上下变化，时而高于价值时而低于价值，这一形态被称为价格波动。任何一种商品的价格都是由多种因素共同决定的。通常，各种决定因素又处于不断变化之中，对价格的变化会有一定的影响，故价格波动存在一定的必然性。对价格波动现状及波动形态的分析，能够帮助我们分析影响价格波动的潜在因素。

本书将前人对价格波动的研究进行归纳，如表2-8所示。

表2-8 价格波动的理论研究成果
Table 2-8 Theories Research Results of Price Fluctuations

学者	主要观点
亚当·斯密	市场的供给与需求的变化会影响价格的波动。价格到底围绕什么而波动、波动中心如何是价格问题的主要研究点
李嘉图	部分否定了亚当·斯密的观点，指出市场的供给与需求的变化会影响价格的波动，但不是价格波动的唯一决定因素，如货币价值对商品价格的影响也是不容忽视的
马歇尔	比李嘉图的分析更为深入，指出在经济较为落后时，价格波动受农产品收益及疾病、战争等突发事件的影响较大。而在经济较为发达的时候，价格波动受到信用贷款、通货膨胀等因素的影响较大
马克思	认为只有价格能够通过交易的方式使商品的价值真正显现出来。价格波动的过程实际上是商品价值变化的过程

注：此表是作者整理有关文献而得

表2-8对价格波动理论的研究成果进行了总结。由表2-8可知，最先对价格波动及其原因进行探究的是亚当·斯密。随后，李嘉图继承和发展了亚当·斯密的价格理论。紧接着，马歇尔和马克思也对价格波动的原因进行了探讨。除此之外，马克思还提出了价格波动具有一定的周期性和规律性，为后续研究价格的波动周期奠定了理论基础。

2.3.2 价格波动的实证研究综述

随着对价格研究的深入，国内外学者相继从对价格波动及价格周期理论的研究，转向对价格进行实证研究，并对现实情况进行相应的指导。本书将对国外及国内学者对价格波动的实证研究及结论分别进行讨论（表2-9）。

表2-9 国外农产品价格波动的实证研究成果
Table 2-9 Empirical Research of Price Fluctuations in Foreign Countries

学者	主要研究结论
Herry L. Moore（20世纪初）	利用美国农业部的统计数据，实证分析了美国农产品价格波动的具体情况。其关于美国宏观经济与农产品价格的研究促进了美国农业经济研究的发展
Anderson（1980）	对小麦的价格波动进行了实证分析，利用1590~1869年的价格平均值，计算出了小麦的价格指数，并画出了价格指数图

续表

学者	主要研究结论
Granger 和 Hughes (1982)	在 Anderson 的研究基础上，证明了小麦价格存在着明显的循环，其周期长度约为 13.3 年
傅晓和牛宝俊 (2009)	通过分析 1980~2008 年国际农产品价格，对国际农产品价格波动的特点、规律及趋势进行了分析
李宁（2010）	研究了哈萨克斯坦粮食价格的形成机制。通过对哈萨克斯坦粮食价格波动指数的研究，分析了该地区粮食价格波动的规律及特征，找出了哈萨克斯坦的粮食价格波动影响因素

注：此表是作者整理有关文献而得

表 2-9 对国外价格波动的实证研究成果进行了总结。其中，Herry L. Moore 是最早对农产品价格进行实证分析的学者，他的研究具有开拓性。随后，Anderson 等对小麦价格序列进行了实证分析，研究了小麦的价格周期。此外，我国学者李宁（2010）也对哈萨克斯坦粮食价格形成机制进行了研究，探讨了哈萨克斯坦粮食价格的波动规律。

国内学者也相继根据我国的国情，对农产品价格的波动特征及原因进行了相应的实证研究。研究的内容及结论如表 2-10 所示。从表 2-10 的总结可知，目前国内文献中对农产品价格的定量研究越来越多。国内对农产品价格波动的研究，大多集中在猪肉、小麦、玉米、粮食、禽蛋等品种上，或者对农产品价格的整体运行情况进行实证分析，得出的结论对柑橘价格波动特征的指导性不大。

表 2-10 国内农产品价格波动的实证研究
Table 2-10 Empirical Research Results of Price Fluctuations in Domestic

学者	主要研究结论
翟继蓝（1999）	对我国禽蛋价格波动进行了研究。研究结果表明，禽蛋价格是由供给和需求两方共同作用决定的。禽蛋价格的波动是由供给与需求波动不一致引起的。事实上，禽蛋的需求是刚性需求，而供给的波动是价格波动的一个主要原因
武拉平（2000）	以小麦、玉米和生猪市场为例，运用农业部农研中心固定观察点和畜牧兽医司 1987~1998 年月度价格资料，对小麦、玉米和生猪收购市场价格地区间变化进行了因果分析，总结了我国农产品地区差价和地区间价格波动情况
周曙东（2001）	探讨了我国棉花价格周期性波动的深层次原因
税尚楠（2008）	探讨了近年来世界农产品价格新态势的主要动因，分析了农产品价格暴涨的主要因素是用粮食生产能源创造了新的需求，而跨国公司控制市场、国际基金参与和投机农产品贸易放大了新需求的影响，并造成了前所未有的急剧价格波动

续表

学者	主要研究结论
程国强和徐雪高（2009）	研究了1978~2006年我国农产品整体价格的波动，研究表明，价格波动分为5个周期，表现出不可重复性和非对称性特征。农产品价格主要由市场供求决定，农产品供求变化是价格波动的直接影响因素
刘汉成和夏亚华（2011）	从供求变动、生产要素价格上涨、货币供给量变动、国际农产品价格上升及游资炒作等方面对农产品价格波动进行了原因分析，并给出了政策建议
李娜（2013）	运用数据比较分析方法和计量经济学中的ARCH类模型方法，分别对我国蔬菜价格走势和我国蔬菜价格波动特征进行了研究

注：此表是作者整理有关文献而得

2.3.3 价格形成方面的研究综述

近几年，国内学者也越来越重视有关农产品价格形成的理论研究，并对农产品价格形成进行实证研究。对价格形成方面的研究总结如表2-11所示。

表2-11 价格形成的研究
Table 2-11 Research of Price Formation

学者	主要研究结论
蒋乃华（1998）	运用资产强定性理论、动态调整成本模型及退出障碍理论对我国粮食生产波动成因进行分析
辛贤（1998）	借鉴Gardner（1975）的研究路线，把从生猪收购、批发、运输、屠宰到零售的所有环节作为一个整体，对影响年度、月度生猪和猪肉价格的影响因素进行了定量分析
王兆阳和辛贤（2004）	按照空间均衡模型理论和有关弹性参数，构建了棉花空间均衡模型（CSEM），研究了开放条件下棉花市场价格决定。最后，借助GAMS分析工具对2003年度棉花价格水平进行了实证预测
张正等（2006）	研究了我国禽肉价格决定机制，并进行了相关的实证分析；不仅找出了影响活禽和禽肉价格变化的因素，还测得了影响因素的大小
曹慧（2007）	改进了辛贤（1998）的理论模型，得出小麦市场价格形成的规律及各影响因素的大小。这两位学者的研究方法可追溯到Gardner（1975）研究，他把农户供给视同普通的工业品生产
陈永福等（2011）	基于区域间价格关系的实证分析，运用运用持续–短暂（P-T）模型和信息份额（IS）模型，对中国生猪价格发现形成机制进行了研究
王珊珊（2013）	从蔬菜价格制定的行为主体——零售商的角度，对农贸市场蔬菜零售价格形成和影响因素进行了较为深入的研究

注：此表是作者整理有关文献而得

从以上主要研究文献可以看出，国内学者对价格形成方面的研究主要集中在禽肉、棉花、小麦、生猪等品种上。而关于柑橘价格形成的研究几乎没有。本书试图在 Gardner（1975）、Fisher（1982）、Wohlgenant（1989）、Holloway（1991）、辛贤（1998）、张正等（2006）及曹慧（2007）等学者的研究基础上，改进他们提出的理论模型。根据我国柑橘产业的特点，引入柑橘生产函数 C-D 函数来替代其他学者在理论推导中所采用的简略形式，并尝试在模型中引入影响柑橘价格的其他外生变量，以使理论模型更加符合实际。通过构建的理论模型，实证分析柑橘鲜果价格决定及影响因素，帮助柑橘生产者、消费者了解柑橘价格的动态及形成特点，分析引起价格变动的原因，以决定自己的生产消费等行为。该研究也可以填补国内对柑橘价格决定研究领域的空白。

2.3.4 价格传导方面的研究综述

近几年，国内学者也越来越重视农产品价格传导方面的理论与实证研究。对价格传导方面的研究总结，如表 2-12 所示。

表 2-12 价格传导的研究
Table 2-12 Research of Price Formation

学者	主要研究结论
顾海兵等（2005）	运用我国 1990~2002 年的相关价格数据，从实证角度对我国价格的传导过程进行了量化分析
周小云和李华耕（2008）	以中国物价变动为例，对价格传递机制进行了经济学分析
罗锋和牛宝俊（2009）	通过 VAR 模型实证研究了国际农产品价格波动对国内农产品价格的传递效应
郭利京等（2010）	基于产业链的视角，对我国猪肉价格非对称性传递进行了实证研究
胡华平和李崇光（2010）	对我国农产品垂直价格传递与纵向市场联结进行了研究
董晓霞等（2011）	以西红柿为例，研究了完全竞争条件下的中国生鲜农产品市场价格传导情况
顾国达和方晨靓（2011）	对农产品价格波动的国内传导路径及其非对称性问题进行了研究
刘芳等（2012）	研究了我国果蔬产品产销间价格传导机制研究
王琳琳（2013）	采用空间价格传导和垂直价格传导相结合的新思路，对国内外大宗农产品价格传导机制进行了研究

注：此表是作者整理有关文献而得

从以上主要研究文献可以看出，国内学者对价格传导方面的研究主要集中在猪肉、蔬菜及农产品整体上。而关于柑橘价格传导的研究几乎没有。此外，学者们在研究价格传导的过程中，多是直接采用不同市场价格进行分析，研究方法上比较类似。

本书试图在研究方法上加以创新来研究柑橘的价格传导过程。通过构建的柑橘价格形成理论模型，同时考虑中间商市场的衔接作用，兼顾生产者市场、中间商市场及消费者市场的均衡，从而深入探讨柑橘生产者价格及消费者价格的双向传导，所得的结果应该会更接近现实。

2.3.5 价格预测方面的研究综述

价格预测是随着商品经济的发展而出现的。我国历史上的陶朱公范蠡在春秋战国时期就已经掌握了市场价格的变化规律，并认为经济会在一定的时间内会出现反复，且农业经济的发展存在着一定的循环周期。他利用自己的经验，推测出农业经济大概在 3~12 年存在一个循环，农业的收成在这个时期内会时而丰收，时而歉收。范蠡的结论在古文中还有记载，他应该可以称得上是最早注意到经济周期理论，并用于实践的人之一。此外，因为经济存在循环周期，他还根据自己的推算来对当时的粮食如稻谷、小麦等的价格进行预测。

随着经济的发展，数学及计算机技术也得到了很好的发展。交叉学科的发展提高了经济预测的准确性，为我国农业经济预测带来了福音。目前，我国农产品价格预测的方法不再局限于几种常用的方法，更多先进的、更精确的预测方法已经引入。目前来看，农产品价格预测中已经有学者相继运用如人工神经网络模型、非经典回归分析、时间序列分析、小波分析、神经网络分析、灰色系统预测等方法来预测农产品的价格。

从相关文献来看，预测农产品价格的文献比较多，但是在预测柑橘价格的时候，可供查阅的文献非常少，而且研究也不够深入。本书欲将时间序列分析模型应用到柑橘价格的预测上，对柑橘价格的未来走势进行分析，如表 2-13 所示。

表 2-13　价格预测方面的研究
Table 2-13　Research of Price Expectation

学者	主要研究结论
Westco 和 Hoffman（1988）	利用了一个股票应用建模框架，捕获市场供给与需求因素在价格形成过程中的影响程度，进而研究了美国玉米和小麦的农户年度价格的形成过程，讨论了该模型对近期价格预测的准确性

续表

学者	主要研究结论
Parcell 和 Picrce (1990)	研究了日用品期货价格被看作现在或者期望未来价格发现的机制,并以玉米和生牛肉为例,研究了利用期货市场预测玉米和生牛肉价格,以帮助农业生产者或综合生产企业规避价格风险
Jolly 等 (1998)	利用线性和非线性方法对鲶鱼价格进行了预测,ARCH 模型和 GARCH 模型被应用于 OLS、ULS 和 ML 模型用于预测价格,并与传统的 OLS 模型预测进行了比较
Al-Alawi 和 Zaibet (2000)	利用人工神经网络模型对阿曼在 1996~2000 年的鱼产品出口价格进行预测
张小栓等 (2004)	提出了水产品价格预测系统的概念模型,并对概念模型进行了详细的设计、建模及测评。最终,利用水产品的零售价及收购价进行了实证分析,预测了价格的变化规律
刘洋等 (2009)	通过分析在线拍卖出价特点,利用决策树和 Bagging 算法建立了一种全新的在线拍卖成交价格预测模型
朱小梅和郭志钢 (2011)	根据小波分析优异的多尺度分析功能和神经网络非线性预测能力对石油价格变化趋势进行了仿真预测
孙晓莹和李晓静 (2012)	提出一种基于数据挖掘技术的股票价格组合预测模型,来研究股票价格预测,预测精度较高,这种方法对预测农产品价格有启示
崔利国 (2013)	利用混沌神经网络模型,对我国蔬菜价格进行了短期预测研究

注:此表是作者整理有关文献而得

2.3.6 柑橘价格方面的研究综述

对柑橘市场价格的研究是从以下几个方面展开的:柑橘产业内在发展规律和运行机理(祁春节,2001)、柑橘商品化处理问题研究(邓军蓉,2005)、柑橘国际竞争力研究(余学军,2006;刘铮,2012)、柑橘出口结构风险研究(刘文俊,2012)等。

相比而言,对柑橘价格方面的研究明显较少且比较零散。表 2-14 对国内柑橘价格方面的研究进行了总结。

表 2-14 柑橘价格方面的研究
Table 2-14 Research of Citrus Price

作者	主要研究结论
张玉等 (2007/2008)	在其硕士论文《中国柑橘生产成本变动及其对出口的影响》中对柑橘生产成本及出口价格的关系进行了研究

续表

作者	主要研究结论
何劲和祁春节（2008）	对中国柑橘生产成本和市场价格变动进行了实证研究，并对柑橘价格变动及其原因进行了分析
陈新建等（2009）	从实证的角度，运用比较分析和相关分析法，研究了广东省柑橘的价格波动情况。研究表明，广东省柑橘产量和价格波动大，对广东省柑橘产业的可持续发展造成了一定影响
何劲和祁春节（2009）	以宜昌柑橘为例，对柑橘产销各环节的价格形成与利润分配进行了实证研究。研究表明：柑橘产销价格形成与利润分配的不合理性直接挤压了生产者与消费者的利益空间，必须进一步完善柑橘价格形成机制和运行机制
王洪清等（2013）	以湖北省柑橘市场为例，利用空间经济学理论，构建了柑橘收购价格的决定模型，找出了交易成本、贸易空间和收购价格三者之间的关系
汪晓银（2007）	在其博士论文《中国柑橘市场预警研究》中，构建了柑橘市场预警辅助模型，对柑橘的销售价格、进口价格、出口价格等都进行了模型构建和分析

注：此表是作者整理有关文献而得

从表2-14可以看出，对柑橘价格的研究不多且并不深入。虽然柑橘产业在我国发展迅速，为满足国内消费者的需求、增加果农收入及扭转贸易逆差作出了重要贡献，但是，我国还没有将柑橘列入主要农产品的行列，因此对柑橘价格的研究还不是很多。柑橘本身属于农业弱势产业，其价格的变化对果农、中间商及消费者都有着很大的影响。

所以，本书欲深入研究影响柑橘价格的因素，测算柑橘价格变化对生产者、中间商及消费者的影响程度，全面研究柑橘价格的形成过程对柑橘产业的参与者行为有很好的指导作用。

2.3.7 文献评述

前面对价格波动的理论研究、实证研究、价格形成及价格预测等方面的文献进行了整理，结果显示，目前国内对农产品价格的研究越来越多，但是多集中在猪肉、小麦、玉米、粮食、禽蛋等品种上，或者对农产品价格的整体运行情况进行实证分析，得出的研究结论对柑橘产品的指导性并不大。本书将对柑橘价格的波动特征进行详细分析并找出波动周期规律。此外，还会对柑橘价格进行预测，对柑橘价格的未来走势进行分析。

对柑橘价格方面的文献整理可知，目前还没有学者对柑橘价格进行系统的研究。本书试图在 Gardner（1975）、Fisher（1982）、Wohlgenant（1989）、Holloway（1991）、辛贤（1998）、张正等（2006）及曹慧（2007）等学者的研究基础上，根据我国柑橘产业的特点，改进他们提出的理论模型。通过构建的理论模型，实证分析柑橘鲜果价格决定及影响因素，帮助柑橘生产者、消费者了解柑橘价格的动态及形成特点，分析引起价格变动的原因，决定自己的生产消费行为。该研究也可以填补国内对柑橘价格形成领域研究的空白。

2.4 中国柑橘鲜果价格形成的分析框架

柑橘属于高价值农产品。高价值农产品是指增值大、经济效益高的农产品。这类农产品一般易于食用且易腐烂，对包装、加工、质检等要求比大宗农产品更高。另外，这类农产品的生产基本上是专业化、市场化的，且多与现代农业生产经营方式相结合。

此外，柑橘是劳动密集型农产品，其生产需要大量劳动力。柑橘生产的每个环节都需要消耗大量的活劳动。在生长周期里，每一个生长阶段都需要柑橘种植户投入大量的劳动。这就使柑橘生产成本构成中劳动力成本占有很大的份额。

目前在我国，柑橘的生产主要由分散的、小规模种植户来完成，小农户与大市场的矛盾突出。柑橘供应主体非常分散，很难实现规模化生产。而当柑橘生产出来以后，分散的、小规模种植户在销售柑橘时，面对千变万化的大市场常常无能为力，种植户有可能面临巨大的交易成本。

柑橘生产与消费具有时空分割性。随着柑橘市场化、专业化水平的提高，柑橘的流通变得越来越重要。柑橘生长周期长又具有很强的季节性，对自然地理条件的依赖性也很强，而柑橘消费则随时随地可能发生。柑橘生产与消费在时空上的分割性使得柑橘生产和销售分离，为连接柑橘生产和消费的中间商提供了广阔的市场空间。同时，流通环节的增多也对柑橘采后的商品化处理、运输、储藏技术和设备运用等提出了更高的要求，但同时也加大了柑橘种植户获取市场信息的难度和成本，加剧了柑橘种植户与中间商的信息不对称。

目前，国内学者对柑橘价格的研究较少，对影响柑橘价格的因素没有系统地分析。在此，通过总结其他农产品价格方面的文献，提炼出影响柑橘价格的因素。根据经济学理论，任何一种商品的价格应由市场的供给和需求水平共同决定，柑橘的价格也不例外。柑橘价格也受到国家宏观政策等的影响。

2.4.1 柑橘鲜果价格影响因素：基于供给视角

首先，将从供给视角研究影响我国柑橘价格的因素。在我国，柑橘的供给主要是由大量分散的柑橘种植户完成，而从供给视角研究的柑橘价格实际上是柑橘生产者面临的价格，即生产者价格。影响生产者价格的主要因素总结如下。

1) 柑橘生产成本

柑橘的生产者价格在很大程度上取决于柑橘的生产成本的大小。因此，对柑橘生产成本的分析不容忽视。事实上，在生产者价格一定的情况下，柑橘的生产成本越小，柑橘种植户的收入就越高，并且能够在一定程度上调动果农的生产热情。相反，如果柑橘的生产成本较大，柑橘种植户的收入较低，果农对柑橘的种植热情就会剧减。

根据经济学原理，在需求等其他条件基本不变的情况下，若柑橘生产成本升高，柑橘生产者的收入降低，会促使他们减少柑橘的种植面积，从而导致下一个产季市场上的柑橘销售量下降，并最终表现为柑橘价格的上涨。相反，若柑橘的生产成本降低，柑橘生产者的收入会提高，潜在利润会促使农户增加柑橘的种植面积，导致下一个产季市场上柑橘销售量的剧增，并最终表现为柑橘价格下降。而柑橘生产成本到底由哪些部分构成呢？在后面的章节会进行详细的分析。

2) 柑橘产量

一般来说，与国外市场相比，我国国内市场的开放程度还不够。目前，市场上的产品还是遵从"物以稀为贵"的原则。产品的总供应量越大，价格就越低；反过来，若产品的总供应量越小，价格就越高。由于特殊的历史背景，我国柑橘的种植由千千万万个规模超小的农户来完成，小农户的生产决策有一定的随意性，但也有可能会相互影响，故有可能产生循环现象即柑橘的价格下降，导致柑橘小规模种植户纷纷选择缩小种植面积，促使供给量剧减；柑橘的价格上涨，柑橘种植户纷纷选择扩大生产，导致供给量剧增。此外，千千万万个超小规模的柑橘种植模式使得柑橘的产量不易控制，种植户种植决策的变动容易导致柑橘产量的波动，或者产量超过市场需求，或者供应量不足，进而影响柑橘生产者价格的波动。

3) 柑橘种植户对未来价格的预期

理论上，对于柑橘种植户来说，要较少的柑橘种植面积还是增加柑橘的种植面积，主要会考虑两点：第一，会考虑柑橘生产成本如何变化，生产成本是增加还是减少？对自己的收入有何影响？第二，会根据个人经验预测下一个产季柑橘的价格大小，从而决定自己的种植决策。

目前来说，柑橘市场基本趋近于完全竞争市场，市场的自我调节能力很强。然而，柑橘从开花到结果，直至果子成熟有一定的生长周期。市场上当期柑橘的价格再高，供应短缺现象表现得再明显，也不可能像工业产品一样，能够马上生产出来，从而缓解当期的柑橘市场供给与需求的矛盾。因此，柑橘生产具有一定的滞后性。如果不能从根本上认清这种滞后性，柑橘种植者仅仅通过当期价格，就对下一期价格作出乐观或者悲观的预测，很容易作出错误的、不利于自己的生产决策。然而，目前在我国，农户常常属于信息匮乏的一方，不能作出正确的市场预期，这也是柑橘市场价格波动剧烈的原因。柑橘的生产及价格的反应滞后，使得蛛网式价格波动不可避免。

4）出口贸易及农户储备行为

进出口贸易是调节国内柑橘供给量的重要手段。根据历年《海关统计年鉴》的统计，柑橘类水果主要包括柑、橘、橙、柚四大类，细分为甜橙、宽皮柑橘在内的七个主要统计品种。而我国宽皮柑橘的贸易量是最大的，为出口创汇作出了重要的贡献。柑橘的进、出口贸易对国内柑橘市场的供需平衡的调节有一定的影响。此外，柑橘国际市场价格对国内市场价格也有一定的影响。

我国城乡居民对柑橘的消费习惯更偏好于消费柑橘鲜果，加之目前柑橘的保鲜技术尚不完善，冷链物流技术较为落后和柑橘易腐易烂的特性，使得我国的柑橘种植户对柑橘的储存量占每年柑橘总产量的比例非常小，几乎可以忽略不计，故本书的研究将忽略柑橘价格受种植户储存行为的影响。

5）自然灾害

我国是自然灾害多发的国家，柑橘属于种植业，极易受自然灾害的影响。柑橘是南方最重要的经济果树之一，容易受到自然灾害和病虫灾害等的影响，如2008年年初的冻雪灾害，极大地减少了柑橘的产量，给柑橘种植者带来了巨大的经济损失。

6）其他因素

还有一些没有考虑在内的因素，可能会影响柑橘的生产者价格，这些因素对生产者价格的影响也是不可忽略的。

2.4.2 柑橘鲜果价格影响因素：基于需求视角

本节将从需求视角研究影响柑橘价格的因素。在我国，柑橘的消费主要是终端的个人或集体消费者。而从需求视角研究的柑橘价格实际上是柑橘终端消费者所面临的价格，即消费者价格。影响消费者价格的主要因素总结如下。

1) 城市化进程

城市化的含义有狭义和广义之分。狭义的城市化是指大量的农业人口从农村转移出来成为城镇人口的过程，或者说农业人口不断转变为非农业人口的过程。广义的城市化是指经济、人口、技术各方面的变化，往往与工业化是分不开的。加快我国人口的城市化水平、促进经济的快速发展有助于扩大国内消费者对柑橘鲜果的需求。从某种程度上来说，城市化水平对经济增长的促进方式主要体现在对最终消费的提高上，从而间接影响柑橘的消费价格。

2) 居民收入水平

由经济学中的价格弹性理论可知，柑橘作为一种居民的日常消费品，随着城镇居民经济收入水平的逐步提高，居民对柑橘消费的投入也会随着经济水平的提高而适当增加。这也间接说明柑橘的需求收入弹性值应该是一个正数。城镇居民收入的提高，能够促进柑橘消费量的增多，并最终导致柑橘涨价。从最新的统计资料可以看出，我国城镇人口的经济收入水平较以往都有了大幅度的提高。这在一定程度上促进了国内市场柑橘需求量的逐年增加。因此，目前来说居民收入水平对柑橘价格有着一定的影响。

3) 人口增长

随着人口的增长，柑橘作为消费水果的大类，其消费需求有增长的趋势。虽然目前存在着城乡居民人口数量及城乡居民收入的差异，但是从长期来看我国人口的增长会对柑橘的消费存在增长的需求。

4) 替代品价格波动

柑橘作为我国非常重要的果品之一，在我国居民消费中占据着非常重要的地位。目前，市场上的水果主要有苹果、香蕉、梨、柑橘等，不同季节还有不同种类新鲜的水果上市。每种水果在上市初期，由于供应相对短缺，价格都相对较高。而随着成熟期的到来，市场上水果供应量的增大，会促使水果的价格下降。事实上，除了水果上市的时期影响价格以外，不同品种水果之间的替代作用也会影响水果的需求量。例如，苹果、梨、香蕉等水果的价格，会影响柑橘的价格及市场需求量。根据微观经济学的理论，若柑橘的某种替代商品的价格下降，由于替代效应的存在，消费者偏向于选择效应接近而价格相对较便宜的替代商品，从而会减少柑橘的消费量。而柑橘需求的减少在一定程度上会促使柑橘的价格也呈现出下降的趋势。相反，若柑橘替代品价格升高，则很有可能促进柑橘价格的提高。此外，值得一提的是，在我国，柑橘与其替代品之间的价格相差不大，基本较为接近，这使得柑橘的替代效应的产生非常容易，替代现象较为普遍。

5）突发事件冲击

突发事件是指发生于意料之外、影响程度较大或造成极恶劣的社会影响的紧急事件。农业领域的突发事件主要是指与农业生产、流通、消费密切相关的突然发生且造成重大损失、危害社会稳定的事件，主要包括自然灾害、环境污染和食品安全等。农业领域突发事件的特征不仅包含一般突发事件的特征，如突然性、危害性、持续性等特点，还具有隐蔽性、滞后性和解决难度大等特点（吕建兴等，2010）。

柑橘对生长环境要求高，对突发事件的抵抗力较差。柑橘很容易受到天气变化、雨雪霜冻和有毒有害生物的影响。例如，2008年我国南方发生了百年不遇的暴雪，使得柑橘产量剧减，柑橘种植户损失惨重。而随后又发生了大规模的实蝇事件，严重挫伤了消费者对柑橘的消费信心。这两起突发事件对当年柑橘产业的打击是巨大的。自然灾害会使柑橘产量降低、价格上涨，在替代品价格变化不大的情况下，消费者会相应减少柑橘消费需求。而像柑橘大实蝇这类突发事件会使消费者由于恐慌而减少柑橘需求，使柑橘种植者面临巨大的经济损失。

6）柑橘进出口贸易

在全球经济一体化的浪潮中，尤其在中国加入WTO之后，国际农产品价格会迅速传导并影响着国内农产品的价格。我国既是柑橘生产大国，也一直是柑橘及其加工品的出口强国。国内柑橘价格受到国际市场行情的影响是毋庸置疑的。

自从中国加入世界贸易组织以后，国内市场发展迅速，并逐渐与国际接轨，国际市场上的柑橘价格已经成了影响我国国内柑橘价格变化的晴雨表。目前来看，二者之间存在着同向的变化。如果汇率的变化程度很大，柑橘的进口价格也会随之发生较大程度的变化，而这种变化也将会最终体现在国内的柑橘销售价格上。

7）其他因素

还有一些没有考虑在内的因素，可能会影响柑橘的消费者价格，这些因素对消费者价格的影响也是不可忽略的。

2.4.3 柑橘鲜果价格影响因素：基于政策视角

除此以外，还有一些宏观因素直接影响柑橘供给、需求及价格，归纳如下。

1）国家政策

柑橘价格波动的大小与幅度还受到国家有关经济政策的影响。另外，国家的宏观经济政策（如土地政策、税收政策、三农政策、农村商业贷款和农村商业保险政策等）会通过影响柑橘生产和消费的变化，并最终影响柑橘的销售价格，导致市场上柑橘价格发生波动。

2）货币币值

自从发明了货币，由于货币的特殊性，人们可以通过货币的一般等价性来衡量几乎所有商品的价值。研究表明，商品的价格等于商品价值除以货币价值。如果商品的价值不发生变化，在人民币增值的时候，商品的价格就会有下跌的趋势；反之，当人民币贬值时，则商品价格就会有上涨趋势。与其他商品类似，货币本身的价值受到货币需求量的影响。这主要反映在两点：一是货币发行量过量时，社会上货币的流通量超过了货币的实际需要量，这就会导致货币贬值，从而引起商品价格的上涨。二是货币发行量过少，就会导致货币升值，商品价格下跌。市场上货币的供应量对物价的影响是绝对的、不可忽略的。柑橘是居民消费市场上重要的果品之一，柑橘市场价格常常随着通货膨胀或者通货紧缩而上下波动。

3）制度及经济因素

自从1978年我国实施改革开放政策以来，我国经济的发展一直处在一个快速上升的阶段，多年来我国的GDP水平始终维持着一个较高的年增长率。国家经济得到了快速发展，这会导致国内总需求的增加，而国内总需求的增加在一定程度上会促进总物价水平的上涨，进而带动农产品的价格也会随之有很大的涨幅。因此，从长远的视角来分析，未来我国的柑橘价格还有上升的空间。

目前来说，柑橘鲜果在我国不属于主要农产品的范畴。伴随着柑橘市场的开放，国家对水果市场基本上没有了政策干预，柑橘种植户不需要缴纳赋税，也没有政府的补贴，相关的政策支持也不是很多。所以，本书的研究仅从供给与需求视角来研究柑橘价格，暂不考虑政策因素对柑橘价格的影响。

2.4.4 本书的理论分析框架

本书将根据以上分析，对柑橘价格形成及影响因素进行深入的研究。其中，柑橘的价格主要包括生产者价格和消费者价格。柑橘的生产者价格和消费者价格都与柑橘流通的中间商市场相连接。中间商市场对柑橘的生产者市场和消费者市场起到了缓冲作用，对价格的决定有着不可忽略的作用。

本书对柑橘价格研究的理论分析框架如图2-1所示。

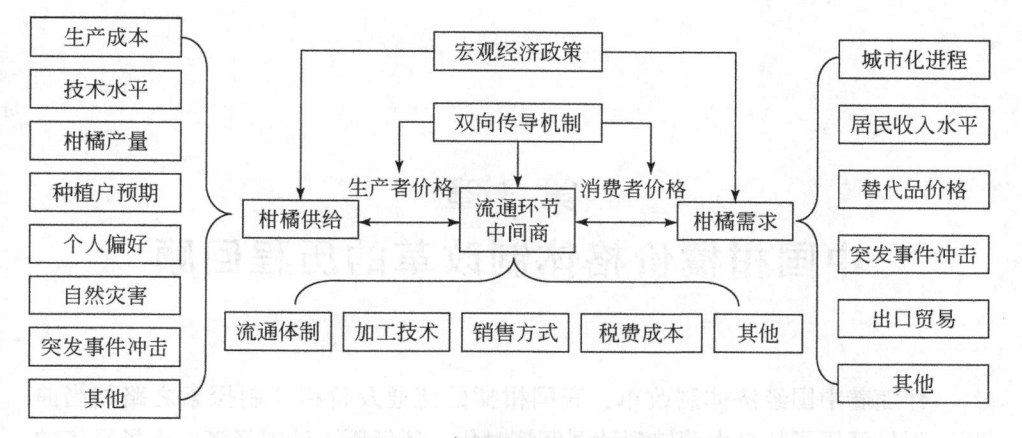

图 2-1　本书的理论分析框架

Fig. 2-1　Theoretical Analytical Framework of this Paper

2.5　本章小结

本章对本书中用到的相关基础理论进行了详细阐述，并对国内外价格波动的理论研究、实证研究、价格形成及价格预测方面的文献进行了整理和分析，最后对文献进行了简要评述。

此外，本章还从供给、需求及政策视角对柑橘鲜果价格的影响因素进行了分析，形成了本书的一个理论分析框架。本书其他章节的研究将在这个理论分析框架上逐步展开。

第 3 章
中国柑橘价格体制改革的历程回顾

伴随着中国经济体制改革，我国柑橘的流通及价格体制探索之路相当曲折。不仅经历了从自由营销到计划经济时代，还经历了计划经济向市场经济的过渡阶段，最终进入了全面市场经济的时代。本书将对中国柑橘价格体制改革的历程进行回顾。

3.1 柑橘市场政策的演变历史

1956 年 10 月 24 日，周恩来总理发布了《国务院关于放宽农村市场管理问题的指示》，指出放宽农村市场管理，一来有助于恢复生产，二来有助于活跃城乡交流，增加人民需要商品的供应，三来可以促使国营和合作社商业改进经营。其中，强调了凡属国家统购的农产品如粮食、棉花、油料等都必须继续统购。凡属由国营商业公司或者委托供销合作社统一收购的物资，如烤烟、甘蔗、茶叶、若干中药材、供应出口的苹果、柑橘等都必须仍由国营商业公司或者委托供销合作社统一收购。此外，除少数品种以外，凡属供不应求的物资一般都不应开放自由市场。

1957 年 8 月 9 日，国务院全体会议第五十六次会议通过了《国务院关于由国家计划收购（统购）和统一收购的农产品和其他物资不准进入自由市场的规定》，指出柑橘、苹果等被划分为国家集中进行买卖或者分配的产品。这些产品必须在国家有关职能部门的管辖下，在规定的时间内统一收购。具体的操作方法是由政府部门规定收购的物资占当年总物资量的百分比。在国家的计划任务完成后，剩余的部分物资才能够进入市场流通。此外，如果没有经过相关的政策允许，国家是不允许个人私自出卖这些物资的，但是考虑到农民的特殊性，他们可以留一些产品家用。

1959 年 2 月 12 日，国务院发布了《国务院批转关于商品分级管理办法的报告的通知》，指出国务院应商业部、粮食部、对外贸易部等的要求，将商品分为三个类别进行管理。其中，柑橘被列在第二类商品中，中央对这类商品实行差额调拨，由国务院主管部门管理价格。

1963年4月12日，中共中央、国务院对全国物价委员会《关于一九六三年调整物价问题的报告》的批示中指出，由于物价对国民经济非常重要，因此必须制定相应的制度来集中管理。由中央政府进行统一管理，同时需要下属各级部门的配合，严厉打击各种阳奉阴违的分散主义。如果中央已经规定了价格，各级部门、地方和个人均不能够以任何理由改变这个价格。若价格是由地方制定的，这就需要地方上相应的职能部门进行严密的监督，出现任何违背现有规定或者原则的行为，都应该严厉打击并追求相关责任人的责任。

1979年，在改革开放的方针指引下，物价管理权限开始下放，减少计划商品价格并扩大市场调节价格。供销社主营的农副产品实行国家牌价、指导价和市场调节价三种形式。同年，多省供销社根据国务院《关于加强物价管理，严格控制物价上涨》的通知，以果品、食杂、日杂和消费品价格为重点审价，将不按权限审批而自行提价的商品降回原价，其中议价、幅度价（浮动价）不得高于市价。

1981年7月31日，国家物价总局、全国供销合作总社、商业部、粮食部及对外贸易部联合发布了《农副产品议购议销价格暂行管理办法》，指出在国家计划指导下，开展农副产品议购议销，是促进农业生产、搞活市场的一项重要政策。议购议销商品的范围，限于三类农副产品和完成收购任务以后允许上市的一、二类农副产品。一、二类农副产品在完成国家收购任务以前，不许议价成交。完成收购任务以后允许议购的二类农副产品和集中产区的三类农副产品，由当地业务主管部门给采购单位和个体有证商贩统一分配资源，不准互相哄抬价格进行抢购，不准高于省、市、自治区人民政府或地、市、县人民政府规定的最高限价。其中，柑橘、苹果、红枣都被列为供销总社主管的二类农副产品。

1981年10月，全国供销合作总社发出《关于柑橘派购任务完成后议价幅度的通知》，规定派购任务完成后，议价幅度可在收购牌价的基础上上下浮动25%。

1983年8月，商业部发出《关于适当扩大苹果等级、季节差价的通知》后，不少产地先后实行议价调拨。由于上海市柑橘和苹果的议价货源不断扩大，经市政府同意：从1983年11月29日起，对柑橘销售实行平议结合价；从12月19日起，对苹果销售也实行平议结合价。

1984年8月，商业部发出《关于改革苹果、柑橘经营体制和搞活流通的通知》，决定放开苹果、柑橘的购销价格。各地纷纷贯彻实施。

1985年1月1日，中共中央、国务院发布《关于进一步活跃农村经济的十项政策》的文件（简称1985年中央一号文件）。文件指出：改革农产品统购派购制度。要对以前旧的农产品统购派购的制度进行大刀阔斧式的改革。农民不需要再执行国家计划的农产品统购派购任务，同时按照社会、市场、经济形势的不同，可以分别对农产品实行两种方案，即合同订购或者市场收购。从这个文件发布之日起，我国农村就开始进行第二步的改革，而此次改革的主要目的就是要勇敢地去除旧的农产品统购派购制度，并在此基础上进行产业结构的调整。在农村改革的进程中，这个文件起到了巨大的作用。至此，我国取消了30年来农副产品统购派购的制度，结束了计划经济体制的束缚，脱离了政府的价格干预，完全走向了市场经济。

3.2 柑橘价格体制的改革历程

从1949年新中国成立至今，我国柑橘鲜果的价格体制改革主要经历了以下几个阶段：

第一阶段（1949~1955年）：柑橘价格实行自由购销，价格由购销双方面议。这一时期，国家没有对果品价格实行统一的计划管理，水果价格基本上是随行就市，柑橘也不例外。除供销合作社接受国营商业的委托代购，以及自营一部分大宗水果外，大多数水果均由私商经营，价格由双方协商决定。这个时期的柑橘价格，基本上能够反映市场供求情况。一般情况下，供销合作社和国营商业出售的水果零售价格会略低于私商零售价格，从而起到平抑市价的作用。

第二阶段（1956年）：柑橘价格管制，实行统购统销。1956年以后，随着人们生活水平的提高，水果的需求量越来越大，市场基本上处于供不应求的状态。为了掌握货源，安排好国内市场，国家委托全国供销合作社对苹果、柑橘、香蕉、梨4种水果实行计划管理，统一收购和分配。其他品种除各省需要掌握的以外，允许自由购销。此外，同年2月全国供销合作社下达的《1956年供销合作社管理商品价格目录》中，只列管了苹果、柑橘、香蕉、梨、菠萝、红枣等6种商品的收购价格。其他水果的收购价格，均由地方管理或实行市场价格。这一时期，柑橘鲜果价格开始进入计划管理阶段。

第三阶段（1957~1958年）：柑橘自由购销阶段，实行市场价格。1957年8月，国务院在《关于放宽农村市场管理问题的指示》中规定：除供应出口的苹果外，其余全部自由购销。这实际上是下放了苹果、柑橘、香蕉、梨、菠萝、红枣6种商品收购价格的管理权限，下放后由地方管理或实行市场价格。

这一时期的柑橘价格基本上由市场决定。

第四阶段（1959~1962年）：柑橘价格管制，实行统购统销。1959年2月，国务院决定对商品实行分类管理，确定苹果、柑橘、梨、香蕉、菠萝等5种水果按二类商品管理。1962年以后，随着农村经济形势好转，果品生产开始恢复，除了苹果、柑橘、红枣3种水果仍然按照二类商品管理实行派购外，其他水果均属三类商品。在价格管理上，与商品分类管理相适应，大多数水果价格属于地方管理，全国供销合作社只对水果价格进行地区间的平衡协调。

第五阶段（1963~1984年）：柑橘价格管理权限收回，实行国家定价。1963年4月，全国供销合作社根据中国中央、国务院关于"物价工作必须实行集中统一管理"和"克服各种分散现象"的指示精神，收回了苹果、柑橘收购价格管理权限。1973年12月，又收回了红枣收购价格管理权限。此后直到1978年，大多数水果均实行国家定价。从1979年4月起，除苹果、柑橘、红枣继续实行统一收购，收购价格由国家物价局、全国供销合作总社管理外，其他水果实行议购议销价格。供销合作社开展议购议销业务，是按照《农副产品议购议销价格暂行管理办法》执行的。议购议销价格一般低于集贸市场价格。1983年，随着议购议销业务的发展，商务部下放了红枣收购价格管理权限，由国家定价改为议购议销价格。

第六阶段（1984年至今）：柑橘市场放开，实行市场价格。1984年7月，为进一步搞活果品流通，经国务院批准，将苹果、柑橘购销和价格放开，实行多渠道流通。至此，水果实行市场调节，价格全部放开。柑橘价格的彻底开放，为柑橘产量的增长起了决定性的作用。

由柑橘价格体制改革的历程可以看出，新中国成立以来，我国的果品价格体系经历了复杂的变化，其中不乏国家对柑橘乃至果品价格管理权限的反复回收与下放。当然，这与我国的国情是相符合的。新中国成立初期，我国社会主义制度也是在探索中前进，与此相对应的经济体制及商品价格制度在摸索中前进不足为奇。不过，值得庆幸的是，正是这个曲折的变迁历程，才使我国尝到了市场经济的甜头，才使政府彻底放开了价格管制，让"看不见的手"来调节市场的供求变化，从而实现了柑橘乃至果品市场的繁荣景象。

3.3 柑橘价格制度变迁的新制度经济学解释

所谓制度，是指一个国家、组织或单位所遵循的一般行为规则。上节中柑橘价格的文件或规定实际上就是柑橘价格的制度。制度变迁是指新制度产生、否定、扬弃或改变旧制度的过程。我国柑橘价格制度的动态变化过程实际上就是一个制度变迁的过程。

制度变迁是制度变迁主体（主要包括个人、组织或者政府等）在受到外部潜在利润的引导而推动的由旧的制度均衡阶段到制度创新再到新的制度均衡阶段的周期循环过程。通俗地说，制度变迁可以理解成是一种收益更高的制度对另一种收益较低制度的替代过程（卢现祥，2011）。制度是至关重要的，它是人选择的，是不断博弈和交易的结果。

早在公元前356年，商鞅就曾提出"礼法以时而定，制令各顺其宜"。其大致意思是一个国家或集体的各项制度应该顺应时代的变化，只有与时俱进才能够有效促进经济社会的发展。新制度经济学将制度变迁的方式分为诱致性和强制性两种模式。诱致性制度变迁的主体一般是个人或者非政府组织，是指一群（个）人对现有制度不均衡有所察觉，并为了获得更多收益而进行的自发性的制度变迁。强制性制度变迁的主体一般是国家或者政府机构，是指政府通过制定法令而引致的制度变迁。事实上，这两种制度变迁的形式通常共同存在于社会变迁之中，而柑橘的价格制度改革就包含了两种不同变迁模式的协同作用。

新制度经济学认为，制度对经济发展至关重要。任何一个完善的市场都离不开合理的制度安排。一项制度是否合理有效直接影响着经济的发展水平，而经济的发展水平又反作用于制度，推动制度的变迁。我国柑橘水果的价格体制改革过程实际上就是一个制度变迁的过程。本节试图运用新制度经济学中的制度变迁理论和博弈论理论来分析我国柑橘价格体制改革的历程。

我国的经济制度经历了计划经济向市场经济的变革，在这个大背景下，我国处于长期垄断经营的柑橘购销体制也越来越不适应市场经济发展的要求。因此，急切需要产生新的、顺应社会发展的柑橘流通及价格制度。事实上，柑橘价格制度的变迁是一个制度创新的过程，也是一个制度变迁主体为更大收益而进行的调整过程。在现实中，由于存在着信息不完全对等情况，"路径依赖"、"逆向选择"和"道德风险"现象常常伴随在制度变迁的过程中，从而增加了制度变迁的难度。

路径依赖是指自我增强和报酬递增机制伴随在制度变迁的过程中。这种机制使得制度变迁如果选择了某一个方案，不管这个方案是对的还是错的，都会付诸努力去实现它。当然，这个过程有可能进入一条正确的道路并实现良性循环，也可能进入一条错误的道路并恶性循环，而制度变迁一旦进入某一锁定状态，想要改变就变得特别困难。

逆向选择是指处于对弈中的两方，拥有的信息量是不一样的，拥有较多信息量的一方会利用其所占有的信息优势与另一方谈判并达成合约，从而使得博弈的结果并不公平，仅仅有利于自己，而损害了信息量较少一方的利益。

一般情况下，在柑橘价格制度选择中，参与主体有生产者、中间商和消费者，尤其是生产者是由千千万万的小农户构成。小农户由于各种缘故，常常处于信息缺失的劣势状态，在柑橘市场上，中间商扮演着代理人的角色，由于中间商既要与生产者洽谈收购等事情，又要与消费者商洽销售的事宜，所以中间商所获的信息量相比其他两方来说，相对较多较全面，因而就具有在制度变迁过程中的信息优势。通常信息量较多的一方会进行一些有利于自身的活动，如劝说其他参与者进来，从而将有利于自己损害他人利益的制度推荐给大家，从而形成不合理的制度选择。

道德风险是指双方在达成交易合同后，其中一方做出的增加自身利益而减少他人利益的行为。一般情况下，代理人会根据自己占有的信息优势，使制度朝有利于自身的方向发展。

在我国，至少在1984年柑橘市场开放以前，柑橘价格是由政府通过垄断的方式来管理的。在那个时候，由于国家作为一个政权，会委托一些行政单位或者经济实体来完成既定的任务。供销社就充当着政府与柑橘种植农户之间交流的唯一途径。农户将柑橘销售给供销社，供销社再提供柑橘等农产品给政府。供销社在政府与农户之间起到了承上启下的作用。一方面，供销社基本上全权代理了政府来行使权力管理我国的柑橘市场，被称为国家的代理人。另一方面，由于供销社既了解国家的情况，又对底层农户的情况也比较清楚，在所有的参与者中，供销社拥有更多更全面的信息，而这种信息优势使得其在柑橘交易中占据了有利地位。

对供销社而言，它既是为国家办事的行政机构，要完成政策性的收购工作，又利用职务之便从事商业活动，拥有为自己谋取私利的机会。在这个过程中，供销社无疑身兼两职，既当运动员又当裁判员，能够轻而易举地选择对其有利的制度，在与农户及政府的博弈中斗智斗勇。

事实上，供销社与政府的关系是一种委托-代理关系。政府委托供销社为其处理柑橘等农产品的收购事宜。政府就扮演着"委托人"的角色，而供销社因为拥有丰富的市场信息，对市场的把握能力强，扮演着"代理人"的角色。然而，值得一提的是，在供销社与政府的关系中，供销社也具有信息量较大的优势，这对供销社作出决策有很大的影响。供销社之所以有信息优势，是因为它已经有了完善的市场信息获取途径。而政府对市场信息的来源几乎全部来自于供销社，这就是问题所在。时间越长，政府对供销社的依赖性就越强，在和供销社的关系中逐渐失去地位。而供销社由于对市场把握较好，长期处于信息优势阶段，能够借助政府对它的信任，做出一些为自己谋利、而不利于国家及底层柑橘供给者的事情。借助信息优势，供销社在行动中难免会出现"道德风险"或者"逆向选择"。

柑橘市场开放后，政府及供销社对柑橘市场的干预及垄断地位消失，众多的买者和卖者在市场中自由交易，柑橘鲜果价格在没有阻力的情况下基本由市场来决定。目前，柑橘的流通渠道也很多，大致分为生产者—中间商—消费者。目前在我国，还存在以龙头企业、连锁超市、产销一体化企业、农民合作组织为核心的柑橘鲜果供应链。在流通过程中，处于供应链前端的生产者（农户）处于信息相对缺失的状态，容易出现"道德风险"及"逆向选择"等情况。然而，经过多年的发展，柑橘鲜果市场上有众多的生产者、中间商和消费者，已经没有谁有能力左右柑橘的市场价格了。因此，业内人士已达成共识，柑橘市场已经近乎完全竞争市场，柑橘鲜果的价格是由市场的供给与需求来决定的。

3.4 柑橘价格形成的特点

柑橘生产和消费的特点，决定了它在价格形成方面的特征如下。

第一，柑橘的供给是缺乏弹性的，即柑橘的价格上升或下降时，其供给方不能快速地调整自己的供给量。我国柑橘的经济栽培区主要集中在北纬20°~33°，海拔700~1000米以下，且柑橘果树系多年生作物，生长周期长，新栽的果树一般需要3~6年的种植才能结果，盛果期又集中在第15~20年。因而，即使再高的价格刺激，也不可能在短期内使柑橘产量急剧增加。但当价格过低时，又容易发生果农砍树的现象。

第二，柑橘鲜果属鲜活产品，易腐烂变质。因而，在购销价格上要求有较大的灵活性，即随市场的供求变化而涨落。

第三，柑橘水果上市集中，常年消费，这就客观地要求适当拉开季节差价，以鼓励果农和经营者进行适当的储存，保证市场正常供应。

第四，柑橘水果的生产区域比较集中，但销售区域比较分散，是全国性的大市场，消费弹性大，这又要求柑橘水果价格应与消费者的社会购买力及不同地区的消费习惯相适应。

从柑橘鲜果价格形成的上述特点来看，我国放开柑橘市场，实行市场调节，能够真正反映柑橘市场的供求及运营状况。但由于柑橘产业涉及众多主体的利益，国家对柑橘市场有必要进行适当的监督，从而促进柑橘产业的持续健康发展。

3.5 改革开放后柑橘市场取得的成效

3.5.1 种植面积扩大

柑橘市场放开后，柑橘生产、流通及消费不再受各种限制，国内外对柑橘鲜果的需求剧增。柑橘产业发展迅速，种植规模不断扩大。从图3-1可以看出，柑橘的种植面积在改革开放的30多年里，增长速度较快。

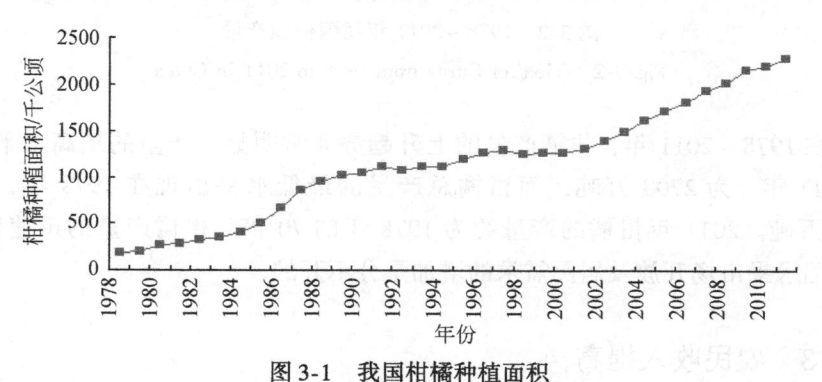

图3-1 我国柑橘种植面积

Fig. 3-1 Cultivated Area of Citrus in China

其中，1978年柑橘的种植面积仅为177.87千公顷，而2011年柑橘的种植面积已达到2288.3千公顷，是1978年的12.8倍，平均增速为2.7%。资料显示，历年来苹果是我国种植面积最大的水果，柑橘的种植面积位居第二。而2008年之后，柑橘的种植面积迅速提升，成为我国种植面积最大的水果，且种植面积有持续增长的趋势。

此外，2003年农业部发布了《柑橘优势区域发展规划》，各地积极采取措施，加强指导，加大了投入和扶持，形成了长江中上游柑橘带、赣南—湘南—桂北柑橘带、浙南—闽西—粤东柑橘带及一批特色柑橘生产基地（简称"三带一基地"）。这些地方的柑橘种植带的建设取得了显著的成效，柑橘的种植面积、单产等都得到了迅速提高。

3.5.2 产量供给增加

改革开放以来，柑橘的产量逐年增加，这与我国多年的经济及社会发展是离不开的。图3-2为1978～2011年我国柑橘的产量波动情况。

图 3-2　1978~2011年我国柑橘产量

Fig. 3-2　Yield of Citrus from 1978 to 2011 in China

在 1978~2011 年，柑橘产量的上升趋势非常明显。产量的最高水平出现在 2011 年，为 2700 万吨，而柑橘总产量的最低水平出现在 1978 年，仅为 38.3 万吨。2011 年柑橘的产量约为 1978 年的 70 倍。柑橘产量的迅速增长，与我国水果市场开放及居民需求的增加是分不开的。

3.5.3　农民收入提高

在过去相当长的时间内，柑橘鲜果由商业部门（主要是供销合作社）独家经营，价格长期偏低。果农收益也较低，积极性调动不起来。1984 年水果价格放开后，连年涨幅较大，改变了过去水果价格长期偏低的状况，果农收益大幅度增加。根据全国农产品生产成本调查汇总资料，种植户的收益在 1984 年价格放开前后几年里差异就很大，如 1987 年柑橘的每亩减税纯收益为 1127.18 元，比价格放开前的 1983 年增长了 1.24 倍。

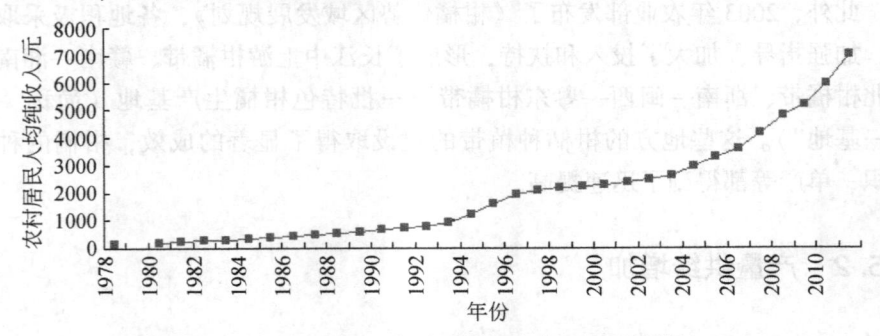

图 3-3　1978~2011年我国柑橘主产区农民纯收入

Fig. 3-3　The Net Income of Farmers From 1978 to 2011 in China

由图 3-3 可以看出，改革开放后，柑橘种植户的收入呈直线上升。1978年，柑橘种植户的纯收入仅为 133.6 元/人，而 2011 年，柑橘种植户的纯收入达到了 6977.3 元/人，是 1978 年的 52.2 倍。价格放开后，柑橘种植户的收益明显增加，柑橘种植户的生产积极性得到空前高涨是水果生产得以发展的根本原因。

3.5.4 流通环节减少

水果购销和价格放开后，改变了过去计划分配式的单一渠道和多环节的经营体制。水果是鲜果易腐商品，生产和销售自由后减少了流通环节，降低了损耗和流通成本。例如，四川省的柑橘，过去层层插手经营，运到北京、天津，一般需要 18~20 天，而市场打开后，在 4~5 天就可以完成了。由于商品的在途时间缩短，损耗由过去的 15%~20%，降低到 8%~10%，流通费用也降低了 13% 左右。水果购销和价格放开带来了水果市场的持续繁荣稳定，给消费者带来了福利。

3.5.5 生产技术进步

柑橘市场放开后，为了获得更大的收益，国家对柑橘栽培技术、病虫害等方面的投入力度加大。每年在柑橘生产新技术的培育方面的基础设施及科研及实验投入都很多，相关的科研人员的数量也在逐年增长。在一定程度上，反映了我国对柑橘生产技术的重视。随着各项先进技术的使用，柑橘的品质得到了进一步的提升。目前，对新技术、新品种的研发能够帮助我们缓解市场上柑橘产季集中、价格低下、果农收益不高的现状，有望改良现有品种，实现柑橘成熟期搭配。

3.5.6 产业链条延伸

目前，柑橘已经成为我国居民不可或缺的消费果品之一。事实上，柑橘从生产环节到流通环节，再到消费环节，销售的所有过程都需要大量的劳动力参与，产业链条上除了柑橘鲜果的生产、流通及消费，还有柑橘加工品及深加工品，如橘瓣罐头、橙汁等的生产及消费。而柑橘的深加工，在一定程度上扩展了产业链，使链条上包含的人员、涉及的节点更多。只有处理好产业链各节点的关系，才能够使我国柑橘的产业链不断延伸并快速发展。

3.6 改革开放后柑橘市场存在的问题

3.6.1 价格波动频繁

市场可以被称为"看不见的手",市场对柑橘价格的调节过程很难捕捉和调控。因此,柑橘的价格起伏较大。以1984年为界,改革开放前的1950~1984年,柑橘价格受政策影响较大,稳定在20元/50千克左右。改革开放后的1985~2011年,柑橘价格增幅很大,其中最高价格为146.04元/50千克。柑橘价格并不是持续增长,而是起伏不定呈波浪式发展。柑橘种植户则根据市场价格来调节生产,很容易盲目生产,导致柑橘供给过剩、价格降低、种植户收益减少,从而挫伤柑橘种植户的种植积极性。

3.6.2 质量良莠不齐

柑橘产业的迅猛发展,为主要种植区农户的增收作出了重要的贡献。然而,我国的柑橘生产还是逃不过小农户生产的弊端。柑橘种植户是由千千万万分散且规模很小的农户构成,无法实现柑橘的集中种植和规模化经营。柑橘产业属于劳动密集型产业,需要大量的劳动力投入和管理,而不同种植户对柑橘生产的投入和管理不一样,导致柑橘鲜果的质量良莠不齐。同时,柑橘生产者为了提高销售价格,提前采摘抢鲜,导致柑橘鲜果普遍早下树20~30天,致使鲜果的成熟度较差。此外,在柑橘流通领域里,很多参与主体为了自身的利益,对柑橘的质量不加以甄别,不按照质量和等级定价,使得柑橘的质量差价无法体现。

3.7 本章小结

本章首先对1949年新中国成立至今,我国柑橘鲜果的市场政策的演变历史进行了回顾,然后对柑橘价格体制改革历程的五个阶段进行了分析。随后,用新制度经济学中的制度变迁理论对我国柑橘市场制度变迁的过程进行了经济学解释。最后,总结了柑橘市场放开后取得的显著成效和不足。

本章的结论如下:①新中国成立以来,我国的果品价格体系经历了复杂的变化,国家对柑橘价格管理权限的反复回收与下放,与我国国情是相符合的。

②改革开放以后,柑橘市场取得的成效主要表现为种植面积扩大、产量供给增加、种植户收入提高、流通环节减少、生产技术进步及产业链条延伸等。③柑橘市场存在的问题表现为价格波动频繁及质量良莠不齐。④柑橘价格交由市场来决定,效果是明显的。但是市场这只看不见的手,有时也会导致市场失灵。因此,在适当的时候,政府可以从宏观上加强指导和协调,才能兼顾生产者、中间商及消费者三者的利益,稳定地促进柑橘产业的发展。

通过分析可知,要想从根本上解决目前柑橘市场存在的问题,需要规范柑橘市场,提高生产者的组织化程度。此外,要对柑橘的质量进行严格控制,构建柑橘的质量可追溯体系,提高柑橘鲜果的质量水平。

第 4 章
中国柑橘鲜果价格波动特征：
1950~2011 年

新中国成立以来，为了满足国内外市场需求，柑橘产业迅猛发展产量快速增加。柑橘供给及需求的变化，带动了柑橘价格的变化。本章将全面分析我国柑橘鲜果的价格波动情况，对我国柑橘鲜果的价格波动特征进行深入分析。

4.1 柑橘生产者价格波动分析：1950~2011 年

4.1.1 柑橘名义生产者价格的波动

20 世纪 50 年代初期，随着农村土地改革的完成和第一个五年计划的实施，人们生活水平得到改善和提高，城乡市场水果需求量不断增加。针对这些情况，全国供销合作总社配合农林、外贸部门，对全国几个主要水果产区进行了调查。到 1957 年，柑橘生产进一步扩大，产量提高，并建立了一批苗圃，培养了一批技术人员。从 1978 年开始，又在南方各省建立了 100 多个柑橘基地县。随着柑橘生产规划的贯彻落实和生产基地的建成，柑橘生产出现了新局面。全国柑橘鲜果产量大幅提高，不仅保障了国内的需求，还远销海内外，成为世界重要的柑橘生产及消费大国。本节将对 1950~2011 年柑橘的价格波动特征进行详细分析。

如前所述，柑橘在生产阶段产生的价格叫做生产者价格（2000 年以前称之为收购价格），它是产地自由市场价格，是农民出售柑橘鲜果所得到的价格，在国外亦称之为农户价格。本章收集了我国柑橘鲜果 1950~2011 年共 60 多年的生产者价格数据，以还原我国柑橘市场价格的变化情况，深入分析其波动规律。

表 4-1 为 1950~2011 年我国柑橘名义生产者价格数据序列。分阶段看，1950~1954 年，柑橘名义生产者价格逐年降低；1955~1958 年，柑橘名义生

产者价格基本稳定，只有少数品种略有提高；1959~1962年，名义生产者价格连续4年提高，1963~1972年，生产者价格10年间基本没有变动，维持在15.95元/50千克。1973年价格比1972年提高了8%，1973~1977年柑橘生产者价格基本没变，为17.42元/50千克。1978~1984年，也只是1978年比1977年提高20%，其他几年没有变动，持续为20.9元/50千克。1985~1988年生产者价格逐渐提高。随后，1989~2010年柑橘市场开放，柑橘生产者价格随市场价格波动剧烈。

表4-1　1950~2011年我国柑橘名义生产者价格表
Table 4-1　Nominal Farm Price of China's Citrus in 1950~2011

（单位：元/50千克）

年份	生产者价格	年份	生产者价格	年份	生产者价格	年份	生产者价格
1950	13.00	1966	15.95	1982	20.90	1998	67.55
1951	12.21	1967	15.95	1983	20.90	1999	62.02
1952	10.99	1968	15.95	1984	20.90	2000	60.43
1953	10.32	1969	15.95	1985	35.00	2001	65.71
1954	9.67	1970	16.10	1986	46.70	2002	94.62
1955	9.73	1971	16.11	1987	55.75	2003	86.23
1956	10.72	1972	16.13	1988	83.99	2004	83.60
1957	10.70	1973	17.42	1989	48.58	2005	111.90
1958	10.92	1974	17.42	1990	47.85	2006	97.17
1959	11.04	1975	17.42	1991	47.12	2007	85.48
1960	12.41	1976	17.42	1992	52.27	2008	62.54
1961	14.11	1977	17.42	1993	53.14	2009	86.02
1962	15.12	1978	20.90	1994	82.81	2010	146.04
1963	15.95	1979	20.90	1995	64.65	2011	112.79
1964	15.95	1980	20.90	1996	105.86		
1965	15.95	1981	20.90	1997	41.18		

注：1950~1955年系市场价格，1956~1984年系国家牌价，1985~1988年系牌、议、市混合平均价

1950~2011年我国柑橘鲜果生产者价格变化的趋势如图4-1所示。由图可以看出，1950~2011年柑橘鲜果价格整体上呈现上升趋势。在1950~1984年，柑橘鲜果的生产者价格在特殊的历史背景下，受政策影响较大，价格多为国家制定的指导价格，波动较小且基本上维持在20元/50千克左右。1985~2010年，柑橘鲜果的平均生产者价格变化幅度明显增加。价格最高的是2010年，

均价达到了 146.04 元/50 千克，而最低价格是 1985 年的 35 元/50 千克，二者相差 111.04 元/50 千克，可见柑橘名义生产者价格波动非常剧烈。

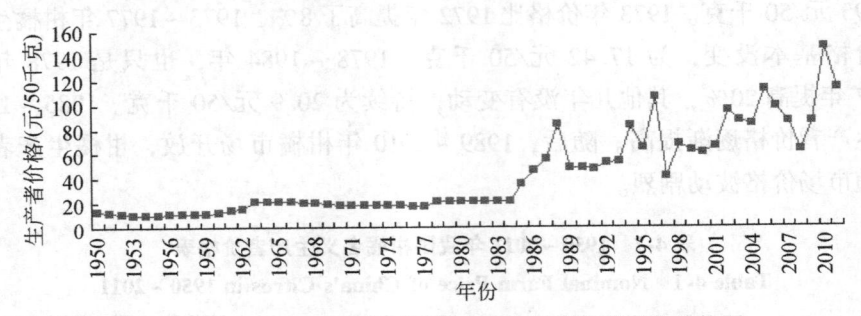

图 4-1　1950～2011 年我国柑橘名义生产者价格变化趋势图

Fig. 4-1　Change Tendency Chart of Nominal Farm Price of Citrus from 1950 to 2011

对我国柑橘名义生产者价格数据进行统计分析，发现在 62 年里，名义生产者价格的均值为 41.537 元/50 千克。其中名义生产者价格最高值为 146.04 元/50 千克，最低值为 9.670 元/50 千克，出现在 1954 年。对数据进行统计分析发现，柑橘名义生产者价格的标准差（也称为均方差，是指数据偏离平均数的距离的平均数，能反映一个数据集的离散程度）为 33.356，说明数据较为离散，也在一定程度上反映了柑橘名义生产者价格的波动性的确较大。

4.1.2　柑橘实际生产者价格的波动

从图 4-1 可以看出，1950～2011 年我国柑橘的名义生产者价格波动较为剧烈，如果仅仅研究名义价格，会发现对价格的研究忽略了一个非常重要的因素，那就是通货膨胀。为了修正通货膨胀对柑橘价格的影响，本研究将用消费者价格指数以 1950 年为基数（即以 1950 年为 100），将 1950～2011 年的名义生产者价格换算为实际生产者价格，以剔除物价上涨等因素的影响。剔除通货膨胀后的实际生产者价格见表 4-2。

1950～2011 年我国柑橘鲜果实际生产者价格变化的趋势如图 4-2 所示。由图可知，1950～2011 年，柑橘鲜果实际生产者价格整体上变化不大，一直维持在 5～30 元/50 千克。1950～1984 年，柑橘鲜果的实际生产者价格在特殊的历史背景下，受政策影响较大，基本上维持在 10 元/50 千克到 15 元/50 千克，波动幅度不大。1984～1988 年，柑橘鲜果实际价格飙升，到 1988 年名义生产者价格达到最高值为 30.7 元/50 千克。随后，自 1989～2011 年，柑橘实际生产者价格受市场价格影响，有较小波动，基本上维持在 5～15 元/50 千克。柑橘的实际价格最低出现在1997年，为5.9元/50千克，和实际生产者价格最高值相差24.8元/50千克。整体来说，我国柑橘的实际生产者价格波动较为平缓。

表4-2　1950~2011年我国柑橘实际生产者价格表
Table 4-2　Real Farm Price of China's Citrus in in 1950~2011

（单位：元/50千克）

年份	生产者价格	年份	生产者价格	年份	生产者价格	年份	生产者价格
1950	13	1966	15.5	1982	12.6	1998	9.7
1951	10.9	1967	14.8	1983	12.3	1999	9
1952	9.5	1968	14.8	1984	12	2000	8.7
1953	8.5	1969	14.1	1985	18	2001	9.4
1954	7.9	1970	13.4	1986	22.4	2002	13.7
1955	7.9	1971	13.5	1987	24.6	2003	12.4
1956	8.7	1972	13.5	1988	30.7	2004	11.6
1957	8.5	1973	13.5	1989	15.3	2005	15.3
1958	8.7	1974	13.4	1990	14.9	2006	13.1
1959	8.8	1975	13.3	1991	13.9	2007	11
1960	9.6	1976	12.4	1992	14.2	2008	7.7
1961	9.4	1977	12.1	1993	12.5	2009	10.6
1962	9.7	1978	14.4	1994	15.5	2010	17.5
1963	14.5	1979	14.2	1995	10.4	2011	12.8
1964	15.1	1980	13.2	1996	15.6		
1965	15.3	1981	12.8	1997	5.9		

注：经作者整理计算得到。其中1985年前的居民消费价格指数为职工生活费用价格总指数

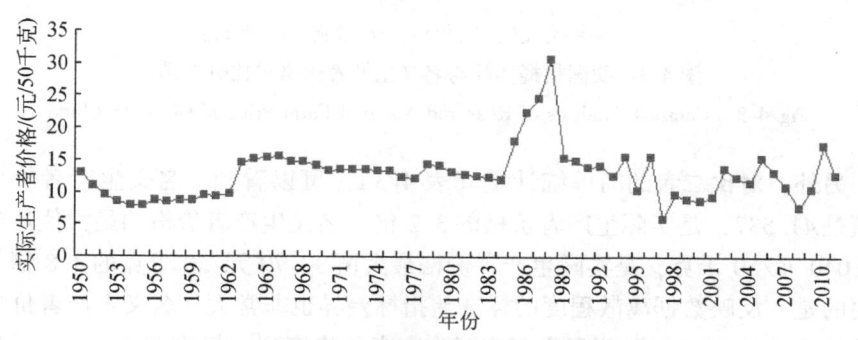

图4-2　1950~2011年我国柑橘实际生产者价格变化趋势图
Fig. 4-2　Change Tendency Chart of Rear Farm Price of Citrus from 1950 to 2011

对我国柑橘实际生产者价格数据进行统计分析，发现在62年里，实际生产者价格的均值为12.874元/50千克。其中，实际生产者价格最高值出现在1988年，生产者均价达到了30.70元/50千克，最低值出现在1997年，为5.9元/50千克。而柑橘实际生产者价格序列的标准差仅为4.047，说明数据较为集中，侧面反映了柑橘的实际生产者价格的波动性不大，数据较为平稳。

4.1.3 柑橘名义及实际生产者价格对比分析

将我国柑橘鲜果的名义生产者价格与实际生产者价格序列进行对比分析，以便清晰地看出柑橘价格波动的真实情况。对比分析图如图4-3所示。

由对比分析可知，我国柑橘的名义生产者价格波动较大，但是剔除了通货膨胀等因素后的实际生产者价格波动却并不大，甚至可以说多年来柑橘实际生产者价格只有微小变化。这是柑橘名义生产者价格波动剧烈背后隐藏的真实情况。多年来，柑橘的实际生产者价格能够维持在一个微小的变化范围内，既没有明显的上升趋势，也没有明显的下降趋势，是一个值得研究的问题。这个现象应该与我国柑橘的生产、流通和消费有着千丝万缕的联系。

图 4-3 我国柑橘实际与名义生产者价格对比分析图

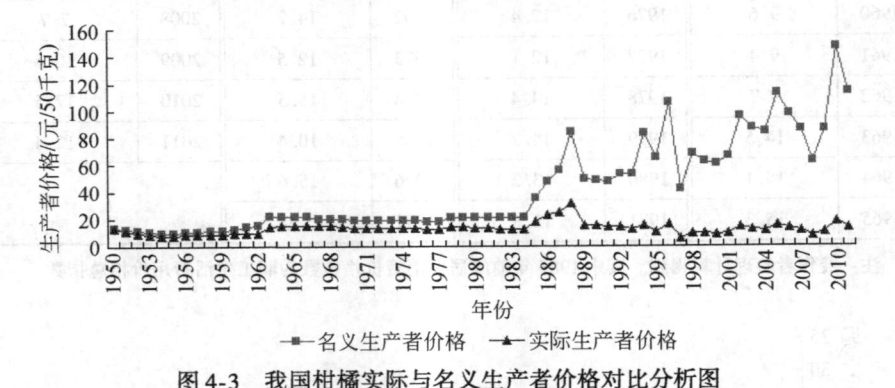

Fig. 4-3 Contrast Analysis of Rear and Nominal Farm Price of Citrus in China

另外，对比二者的简单统计量（表4-3），可以看到，名义生产者价格的均值是41.537，是实际生产者价格的3.2倍。名义生产者价格的最大值达到了146.040元/50千克，是实际生产者价格最大值30.70元/50千克的4.8倍。最重要的是，反映数据离散程度的标准差指标差异也非常大。名义生产者价格序列的标准差是33.356，明显大于实际生产者价格序列的标准差4.047，反映了名义生产者价格波动剧烈，受通货膨胀等因素的影响，上升趋势明显，而实际生产者价格能够反映价格的真实变化，剔除掉物价、通货膨胀等因素的干扰后，在过去的60多年里价格波动平缓。

表 4-3 柑橘实际与名义生产者价格简单统计量对比表
Table 4-3 Simple Statistics of Rear and Nominal Farm Price of Citrus in China

项目	样本量	均值	标准差	最小值	最大值
名义生产者价格	62	41.537	33.356	9.67	146.04
实际生产者价格	62	12.874	4.047	5.9	30.7

注：此表经作者整理计算得到

由上一节中对我国柑橘价格制度变迁中的分析可知，1950~1984年，我国柑橘市场由于历史原因及政策的限制，柑橘价格多为政策价格。而本章欲深入探讨我国柑橘市场价格波动规律，故1950~1984年的柑橘价格对本章研究的意义并不大。参考其他学者对价格的研究，多以1978年作为我国改革开放的起点，因此本章也将以1978年为起点，将柑橘属水果分成柑类和橘类分别进行价格分析，具体的生产者平均价格对比如图4-4所示。

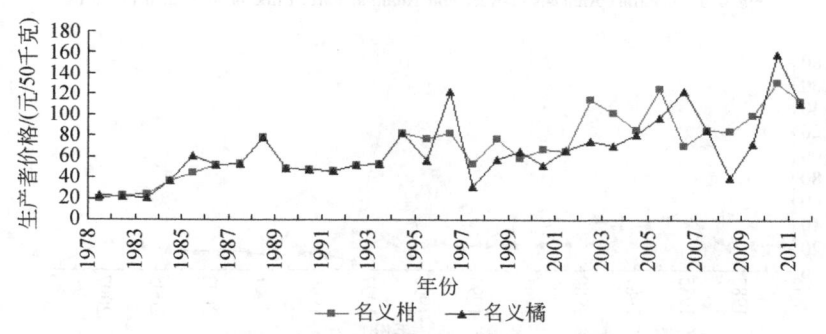

图 4-4 我国柑类和橘类实际生产者价格对比分析图
Fig. 4-4 Contrast analysis of rear Farm Price of Tangerine and Mandarin in China

由图4-4可知，改革开放前后1978~1994年，柑和橘鲜果的平均生产者价格比较接近，价格增长幅度相当。1995~2011年，柑和橘鲜果的生产者价格差异逐渐拉大，多数情况下，柑的平均价格高于橘的平均价格。但是，也有少量特殊的年份，柑的平均价格明显低于橘的平均价格。例如，1996年，柑的生产者价格为82.37元/50千克，而橘的生产者价格为122.93元/50千克，二者的价格相差40.56元/50千克；2006年，柑的生产者价格为70.32元/50千克，而橘的生产者价格为124.01元/50千克，二者相差53.69元/50千克。而2011年，柑和橘的生产者价格又非常接近。因此，可以得出，我国柑橘的生产者价格在1995年之后波动较为剧烈，这个时期的价格基本上是由市场来确定的。

图4-4显示，我国柑类和橘类鲜果的名义生产者价格波动都较大。为了剔

除通货膨胀对柑橘价格的影响，本研究用消费者价格指数以 1978 年为基数（即以 1978 年为 100），将 1978～2011 年的名义生产者价格换算为实际生产者价格，以剔除物价上涨等因素的影响。剔除通货膨胀后的实际生产者价格见图 4-5 和图 4-6。

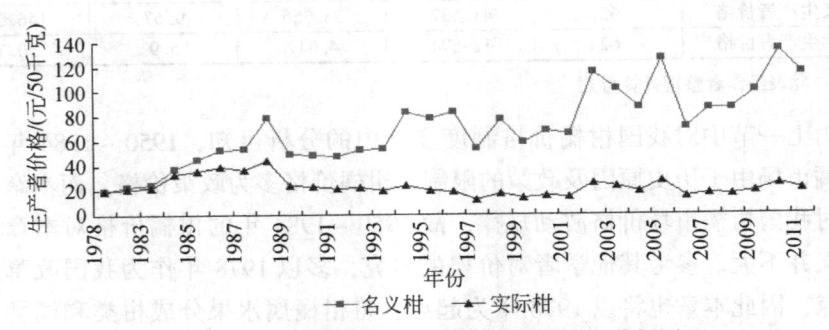

图 4-5　我国柑实际与名义生产者价格对比分析图
Fig. 4-5　Contrast Analysis of Rear and Nominal Farm Price of Mandarin in China

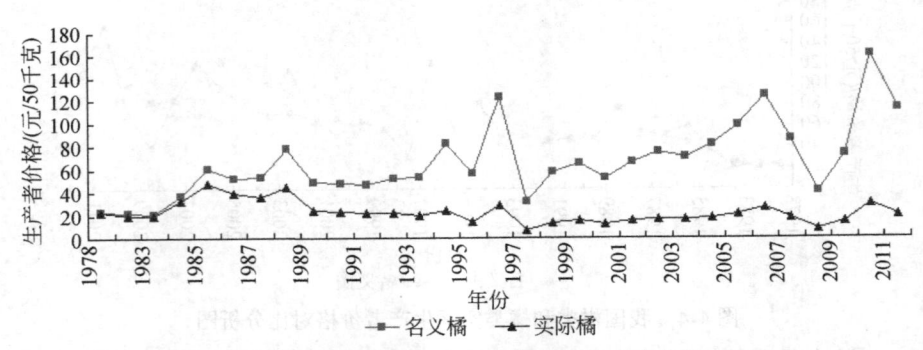

图 4-6　我国橘实际与名义生产者价格对比分析图
Fig. 4-6　Contrast Analysis of Rear and Nominal Farm Price of Tangerine in China

由图 4-5 和图 4-6 可知，不管是柑类鲜果还是橘类鲜果，实际价格波动都比较平缓，这也证实了柑橘类实际生产者价格波动不大的现状。

4.2　柑橘鲜果价格周期特征分析——基于 H-P 滤波法

由前述可知，名义生产者价格通常并不能够反映价格波动的内在情况，因此需要将名义生产者价格转化为实际生产者价格，剔除物价上涨等因素对价格波动现状的影响。然而，实际生产者价格包含长期趋势和循环要素。本节试图通过 H-P 滤波法将趋势和循环要素分离，从而通过循环要素来判断柑橘价格的波动周期。

4.2.1 H-P 滤波法介绍

H-P 滤波法是由 Hodrick-Prescott 于 1980 年提出的，用以分解长期趋势和循环趋势的一种滤波方法。设 $\{Y_t\}$ 是包含趋势成分和波动成分的经济时间序列，设 $\{Y_t^T\}$ 是其中含有的趋势成分，$\{Y_t^C\}$ 是其中含有的波动成分，则

$$Y = Y_t^T + Y_t^C \quad t = 1, 2, \cdots, T \qquad (4-1)$$

计算 HP 滤波就是从 $\{Y_t\}$ 中将 $\{Y_t^T\}$ 中分离出来。一般地，时间序列 $\{Y_t\}$ 中不可观测的部分趋势 $\{Y_t^T\}$ 常被定义为下面最小化问题的解：

$$\min \sum_{t=1}^{T} \{(Y_t - Y_t^T)^2 + \lambda [c(L)Y_t^T]^2\} \qquad (4-2)$$

式中，$c(L)$ 是延迟算子多项式：

$$c(L) = (L_{t-1}) - (1 - L) \qquad (4-3)$$

将式 (4-3) 代入式 (4-2) 中，则 HP 滤波的问题就是使下面损失函数最小，即

$$\min\{\sum_{t=1}^{T}(Y_t - Y_t^T)^2 + \lambda \sum_{t=2}^{T-1}[(Y_{t+1}^T - Y_t^T) - (Y_t^T - Y_{t-1}^T)]^2\} \qquad (4-4)$$

最小化问题 $[c(L)\ Y_t^T]^2$ 用来调整趋势的变化，并随着 λ 的增大而增大。H-P 滤波依赖于参数 λ，该参数需要先验地给定。这里存在一个权衡问题，要在趋势要素对实际序列的跟踪程度和趋势光滑程度之间作一个选择。当 $\lambda = 0$ 时，满足最小化问题的趋势序列为 $\{Y_t\}$ 序列；随着 λ 值的增加，估计的趋势越光滑；当 λ 趋于无穷大时，估计的趋势将接近线性函数。一般情况下，对于年度数据，λ 取 100。

4.2.2 柑橘实际生产者价格波动周期划分

本章将采用柑橘鲜果的实际生产者价格，利用 HP 滤波法来分析柑橘鲜果价格的周期波动情况。价格波动的周期性是从价格周而复始地出现扩张和收缩的意义上来说的，它并不表明价格波动有着严格的、一成不变的规律。因而，每一个经济周期之间的特征，如波幅、波峰、波谷、深度、周期长度等都不尽相同。尽管不同经济周期的具体特征各异，但它们在扩张与收缩、波峰和波谷相交替的意义上却是完全一致的。因此，在划分价格周期时，可以以一个波峰到另一个波峰之间为一个价格波动周期，也可以一个波谷到另一个波谷为一个周期。按照这两种方法划分出来的价格周期是不相同的，但是对价格分析却是没有影响的。因此，可以从这两种方法中任选一个作为周期划分的依据。

本章将对柑橘的实际生产者价格进行 H-P 滤波分析，得到如图 4-7 所示的滤波结果。

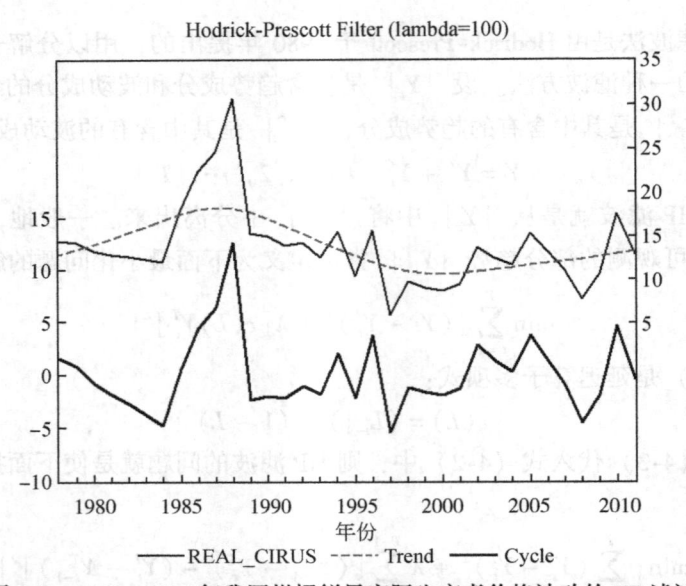

图 4-7 1978～2011 年我国柑橘鲜果实际生产者价格波动的 HP 滤波

Fig. 4-7 The HP Filter of Rear Farm Price Fluctuations of Citrus from 1978 to 2011

图 4-7 中，REAL_CIRUS 为实际柑橘生产者价格序列，Trend 为分离出来的趋势序列，而 Cycle 为分离出的循环要素序列，反映了剔除趋势因素后柑橘鲜果价格的波动状况。本节将在 Cycle（即循环要素序列）的基础上来分析价格波动的周期特征，并选用"波峰—波峰"的方法来划分波动周期。

通过测算我国柑橘鲜果生产者价格的周期波动情况，发现我国柑橘鲜果的生产者价格波动周期表现为不可重复性和非对称性。1978 年至今，我国柑橘鲜果价格经历了 6 个完整的波动周期，第一周期为 1978～1988 年，第二周期为 1989～1994 年，第三周期为 1995～1996 年，第四周期为 1997～2002 年，第五周期为 2003～2005 年，第六周期为 2006～2010 年。而 2011 年价格呈下降趋势，波动周期并不完整，因此，暂不进行分析。

4.2.3 柑橘价格的波动周期特征分析：1978～2011 年

对上节中的柑橘生产者价格的周期划分进行详细的分析总结，分别从波长、平均位势、标准差、波幅等角度进行分析。我国柑橘价格周期的典型特征如图 4-8 和表 4-4 所示。

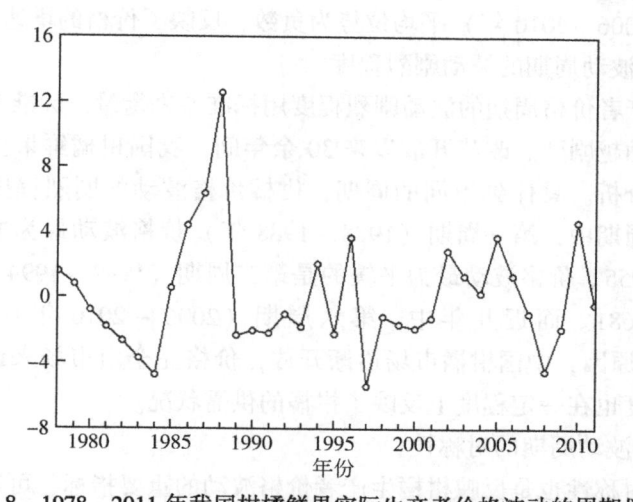

图 4-8　1978～2011 年我国柑橘鲜果实际生产者价格波动的周期划分
Fig. 4-8　The Fluctuations Cycle of Rear Farm Price of Citrus from 1978 to 2011

表 4-4　我国柑橘价格周期的典型特征
Table 4-4　Typical Characteristic of Price Cycle of Citrus in China

周期	起止时间/年	波长/年	平均位势	标准差	波谷在波长中的位置	周期类型
一	1978～1988	11	1.094	5.055	7	缓降缓升
二	1989～1994	6	-1.277	1.681	3	缓降缓升
三	1995～1996	2	0.694	4.185	1	陡降陡升
四	1997～2002	6	-1.471	2.624	2	陡降缓升
五	2003～2005	3	1.735	1.779	2	陡降陡升
六	2006～2010	5	-0.339	3.462	3	陡降陡升

注：此表经作者整理计算得到

1）价格波动周期的长度

周期的长度，即是价格波动的波长，指相邻两个波峰（或波谷）间的距离。1978 年以来，我国柑橘鲜果生产者价格经历了 6 个周期，周期的长度分别是 11 年、6 年、2 年、7 年、3 年和 5 年，具有不重复性，6 个周期的平均长度为 5.7 年。价格周期经历的时间有减少的趋势。

2）价格波动周期的位势

周期的位势是指周期内柑橘生产者价格的平均增速，反映了一定时期内价格增长的动力是否强劲。在改革开放以来的 6 轮周期中，第五周期（2003～2005 年）的位势最高，达到 1.735；第一周期（1978～1988 年）11 年的位势为 1.094，居第二。第二周期（1989～1994 年）、第四周期（1997～2002 年）、第六周期（2006~2010年）平均位势为负数，反映了价格的增速为负增长。

3）价格波动周期的波动剧烈程度

柑橘生产者价格周期的波动剧烈程度用标准差来衡量，标准差越大，反映价格数据波动越剧烈。改革开放以来30余年间，我国柑橘鲜果价格波动情况在前面已有分析。具体到不同的周期，柑橘价格波动的剧烈程度又有较大差异。在6轮周期中，第一周期（1978~1988年）价格波动最为剧烈，标准差最大，为5.055。价格波动最为平缓的是第二周期（1989~1994年），标准差最小仅为1.681。而近几年中，第六周期（2006~2010年）的标准差为3.462。究其原因，中国柑橘市场逐渐开放，价格完全由市场来调节，价格波动的剧烈程度也在一定程度上反映了柑橘的供需状况。

4）价格波动周期的对称性

周期的对称性也是反映柑橘生产者价格波动的重要指标，可以反映经济扩张或者收缩的持续时间。根据不同的波动形态，价格周期分为四种，分别是前峰型周期、后峰型周期、对称型周期和双峰型周期。其中，前峰型周期表明生产者价格增长很快（即价格扩张期短），而价格的降温期相对较长。而柑橘生产者价格的过快增长，会促使柑橘生产者（农户）盲目生产，促使柑橘中间商盲目地重复建设并进行资本投入，使得柑橘的供给大于市场的需求。后峰型周期是指柑橘价格缓慢上升直到增速超过了潜在的增长率后急剧回落，这种回落可能源于价格的内在收缩，也可能是外部冲击所致。但是不管怎么样，这种方式对柑橘生产者的损害是非常大的。对称型周期意味着柑橘生产者价格既没有出现急剧的增长，也没有发生"硬着陆"，是一种比较理想的增长状态。

通过上述分析可知，改革开放以来的6次经济周期中，第一周期（1978~1988年）为缓降缓升型，价格增长和降低的速度适中，也比较对称。第二周期（1989~1994年）为缓降缓升型，也比较对称。此外，第四周期（1997~2002年）属于陡降缓升型，其他三个周期都属于陡降陡升型。

4.3 本章小结

本章首先对我国柑橘鲜果1950~2011年的名义生产者价格波动规律进行了分析，随后剔除通货膨胀因素对生产者价格的影响，将名义生产者价格转换成实际生产者价格，分析了60多年来我国柑橘实际生产者价格的波动情况。紧接着，利用H-P滤波法，对我国柑橘的实际生产者价格进行了去势分析，研究了我国柑橘价格的周期性波动特征。

本章的研究结论如下：①1950~2011年，我国柑橘的名义生产者价格波动非常剧烈，而剔除通货膨胀因素后的实际生产者价格波动平缓变化并不大。②通过"波峰-波峰"判别法，我国柑橘鲜果价格的波动可以分为6个完整的周期，即第一周期为1978～1988年，第二周期为1989～1994年，第三周期为1995～1996年，第四周期为1997～2002年，第五周期为2003～2005年，第六周期为2006～2010年。③我国柑橘价格的平均波动周期为5.7年，波动周期具有不可重复性和非对称性。

第 5 章
中国柑橘鲜果价格影响因素：
基于供给视角

本章将从供给的视角来研究影响柑橘价格的因素。在我国，柑橘供给的主体是千千万万个分散且规模很小或超小的种植户。对这些种植户而言，柑橘的价格即生产者价格。因此，本章将从柑橘的供给层面来探索影响柑橘生产者价格的因素，并对这些因素与价格的关系进行理论及实证研究。

5.1 对供给视角的剖析

柑橘生产过程中投入大、经济效益高，被称为高价值农产品。在我国，柑橘的生产与消费在时空上是分离的。当前，我国柑橘的生产规律性强、对自然环境的依赖性很大，可以称得上是季节性生产，然而消费者却希望能够全年消费柑橘鲜果。此外，柑橘的生产具有地域性要求，其生产集中在少数几个柑橘种植带，而消费市场却是全国性的大市场。柑橘的生产及消费特征，造成了目前柑橘供给与需求的矛盾，即供给季节性，需求全年性；供给集中化，需求全国化。

由于我国土地制度的制约，我国柑橘的供给主要由千千万万的种植户完成。种植户作为经济人，一方面会根据市场的需求生产柑橘，另一方面会根据自身的收益情况决定生产多少。而我国柑橘生产总量则是种植户共同选择的结果。目前，国内柑橘的总供给主要由柑橘总产量、净进口、库存三部分组成。

国内对柑橘的库存，主要是由零散的企业、农户、中间商等自发完成，基本上没有政府的参与。此外，由于我国居民偏好于消费新鲜的柑橘，而柑橘鲜果易腐易烂且现有的保鲜技术及设备尚不完善，因此农户并不像储备粮食等作物一样对柑橘进行储藏，日常的存储只是为了短期内的消费，故柑橘库存者对柑橘的库存量实际上并不大。因此，农户的储备行为对柑橘价格的影响在本章中暂不考虑。

从柑橘供给的视角来看，柑橘的国内总供给主要包括柑橘总产量及净进口量。柑橘的国内总供给与总需求共同决定其均衡价格。然而，在我国，柑橘从生产者流向消费者会经历流通这一环节。而流通中的主体是中间商。中间商对柑橘的需求实际上是一种派生需求，主要由消费市场上的实际需求决定。本章从供给视角来研究柑橘价格，实际上是研究柑橘的生产者价格及影响生产者价格的因素。那么，哪些因素会影响柑橘的生产者价格呢？哪些因素是直接影响，哪些因素是间接影响？本章将进行深入的探讨。

5.2 供给视角下柑橘鲜果价格影响因素

5.2.1 生产成本

由经济学理论可知，价格由成本和利润构成。柑橘价格也不例外，其生产成本是生产者价格的重要组成部分。柑橘生产成本的波动及变化将直接影响到柑橘鲜果的价格变化。因此，本章将重点分析柑橘生产成本与生产者价格之间的关系。

1. 柑橘生产成本的构成

柑橘生产成本是指柑橘生产过程中所消耗的物质资料费用与人工费用之和。本节对柑橘鲜果的生产成本进行分析时，将着重分析其经济成本。除了包含通常会计入的看得见的花费和成本以外，还包括柑橘种植户容易忽略而不计入成本的自有劳动付出。

中国柑橘生产成本的具体构成如图 5-1 所示。柑橘总成本指的是生产和销售柑橘过程中所支付的货币总额，主要包括物质与服务费用、用工作价（人工成本）和土地成本。①

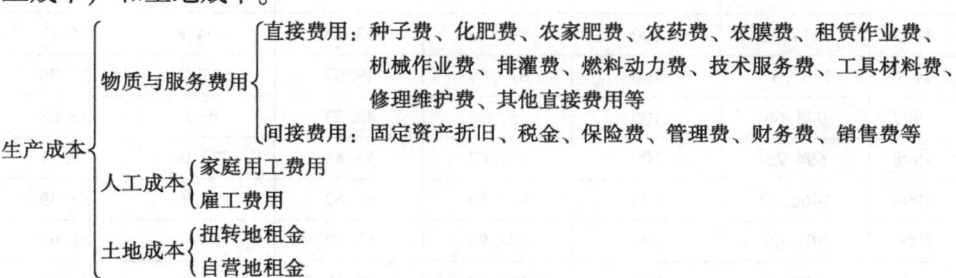

生产成本
├ 物质与服务费用
│　├ 直接费用：种子费、化肥费、农家肥费、农药费、农膜费、租赁作业费、机械作业费、排灌费、燃料动力费、技术服务费、工具材料费、修理维护费、其他直接费用等
│　└ 间接费用：固定资产折旧、税金、保险费、管理费、财务费、销售费等
├ 人工成本
│　├ 家庭用工费用
│　└ 雇工费用
└ 土地成本
　　├ 扭转地租金
　　└ 自营地租金

图 5-1　我国柑橘生产成本构成

Fig. 5-1　Production Cost of Citrus in China

---

① 我国农产品生产成本的核算体系经历了多次调整。为了统一数据的口径，避免生产成本统计的出入，本书以 2004 年的柑橘成本核算体系作为核算标准。2004 年之前的成本核算都进行相应的调整，使其与 2004 年的核算标准统一。柑橘生产成本核算标准的调整步骤见附录 1。

物质费用主要包括直接生产费用和间接生产费用两部分。直接生产费用指的是在生产过程中直接耗费以及有助于产品形成的各项费用；间接费用是指与柑橘直接生产过程有关，需要分摊才能计入柑橘生产成本的费用（祁春节，2001），主要是指在柑橘经营管理和组织生产等方面所花费的费用。人工支出指的是生产过程中在劳动力方面的支出，具体包括家庭用工费用和雇工费用。土地成本在2004年之前被划分在期间费用之中，现被单独列出，分为流转地租金和自营地租金。

2. 柑橘生产成本分析：1990～2011年

前面阐述了我国柑橘生产成本主要包含物资与服务费用、人工成本及土地成本三个核心内容。本节试图详细分析每亩地上柑橘生产的总成本及各项费用的支出情况。通过对历年《全国农产品成本资料汇编》进行整理，根据数据的可获得性，本书收集了1990～2011年共22年的柑橘生产成本数据，见表5-1。

表5-1 1990～2011年我国柑橘每亩成本统计
Table 5-1 Cost of Citrus from 1990 to 2011 in China

年份	总生产成本 金额/(元/亩)	比例/%	物质与服务费用 金额/(元/亩)	比例/%	人工成本 金额/(元/亩)	比例/%
1990	874.93	100	512.97	58.63	244.76	27.97
1991	795.57	100	413.47	51.97	196.13	24.65
1992	977.17	100	523.67	53.59	252.31	25.82
1993	943.55	100	531.21	56.30	355.84	37.71
1994	939.24	100	503.9	53.65	359.09	38.23
1995	1117.48	100	593.89	53.15	504.8	45.17
1996	1358.93	100	679.09	49.97	515.07	37.90
1997	943.66	100	457.98	48.53	440	46.63
1998	694.25	100	371.07	53.45	277.06	39.91
1999	1466.59	100	947.64	64.62	489.72	33.39
2000	901.86	100	484.92	53.77	376	41.69
2001	1139.17	100	668.32	58.67	408.72	35.88
2002	1278.47	100	762.56	59.65	449	35.12
2003	1188.39	100	648.69	54.59	479.36	40.34
2004	1418.46	100	840.5	59.25	415.88	29.32
2005	1505.95	100	896.74	59.55	492.83	32.73

续表

年份	总生产成本 金额/(元/亩)	比例/%	物质与服务费用 金额/(元/亩)	比例/%	人工成本 金额/(元/亩)	比例/%
2006	2165.65	100	859.5	39.69	1191.42	55.01
2007	1684.93	100	685.08	40.66	859.92	51.04
2008	1670.66	100	807.95	48.36	684.67	40.92
2009	1566.57	100	723.95	46.21	717.04	45.77
2010	1924.25	100	1031.76	53.62	739.32	38.42
2011	2227.68	100	1152.23	51.72	946.66	42.50

注：表中数据由作者对历年《全国农产品成本收益资料汇编》进行整理而获得。其中，1994～1997年没有统计土地成本而仅统计了每亩平均负担，因此用每亩平均负担来代替

柑橘的生产成本是生产者价格的重要组成部分。每亩柑橘的生产成本，可以反映柑橘种植的成本收益率。一般情况下，生产成本越低，收益越高，种植户的收益就越高。按照名义价格计算，1990年我国柑橘的生产成本是874.93元，而2011年柑橘的生产成本达到了2227.68元，是1990年的2.5倍。其中22年间，物质与服务费用提高了2.25倍，其占总成本的比例由之前的58.63%降至51.72%；人工成本提高了3.87倍，占总成本的比例由之前的27.97%增加至42.50%；土地成本提高了1.12倍，在总成本中所占的比例越来越小，由之前的13.10%已经降至5.78%。由此可见，20多年来，柑橘总成本的增加，很大程度上是由物质与服务费用及人工费用的增加所导致的。总的来说，物质与服务费用在总成本中所占的比例有所降低，但是降低幅度不大，在总成本中仍占据核心位置；人工成本在总成本中的比重大幅度提高，占据次要位置；而土地成本变化不大，在总成本中所占的比例越来越小，地位也随之下降。

由图5-2可以看出，我国柑橘的每亩总生产成本、物质与服务费用及人工成本在20多年间呈上升趋势，而柑橘的土地成本曲线变化不大，波动较为平缓。总的来说，物质与服务费用和柑橘总成本曲线的变化趋势基本相同。图5-2也再次说明，对我国柑橘生产成本影响最大的是物质与服务费用和人工成本。众所周知，柑橘产业是劳动密集型产业，对劳动力的需求较大。人工成本的增加，会在很大程度上提高柑橘的生产成本，影响柑橘的价格变化。

另外，对柑橘生产成本各曲线进行简单统计分析如表5-2所示。对比反映成本变化的四个指标的标准差（衡量指标变化的剧烈程度，值越大表明数据越离散，值越小表明数据越集中），发现标准差最小的是土地成本，仅为89.37，说明22年中土地成本变化最小。柑橘总成本的标准差最大，为434.44，

图 5-2　1990~2011 年我国柑橘生产成本变化趋势图

Fig. 5-2　Change Tendency Chart of Production Cost of Citrus from 1990 to 2011

说明柑橘总成本的变化幅度最大。物质与服务费用及人工成本的标准差都为 200 以上，说明是这两者的剧烈波动才导致了总成本的快速提高。其中，物质与服务费用主要包含化肥、农家肥、农药和税金四部分。近年来，化肥、农家肥及农药的价格都有不同程度的增长，促进了物质与服务费用的提高，而税金由于国家对农业税费的改革，已经于 2005 年后取消。因此，2005 年以后，物质与服务费用仅包括化肥、农家肥及农药三个部分。

表 5-2　柑橘生产成本简单统计量对比表

Table 5-2　Simple Statistics of Production Cost of Citrus in China

项目	样本量	均值	标准差	最小值	最大值
柑橘总成本	22	1308.34	434.44	694.25	2227.68
物质与服务费用	22	686.23	208.79	371.07	1152.23
人工费用	22	517.98	247.41	196.13	1191.42
土地成本	22	89.37	61.97	7.08	195.34

注：此表经作者整理计算得到

3. 柑橘生产成本与生产者价格的关系

由前面的分析可知，我国柑橘的生产成本与生产者价格之间存在着一定的关系。那么二者之间到底是怎样的关系呢？本节将通过对比 1978~2011 年柑橘总成本与生产者价格数据，来探讨二者的关系。总生产成本与生产者价格的对比如图 5-3 所示。

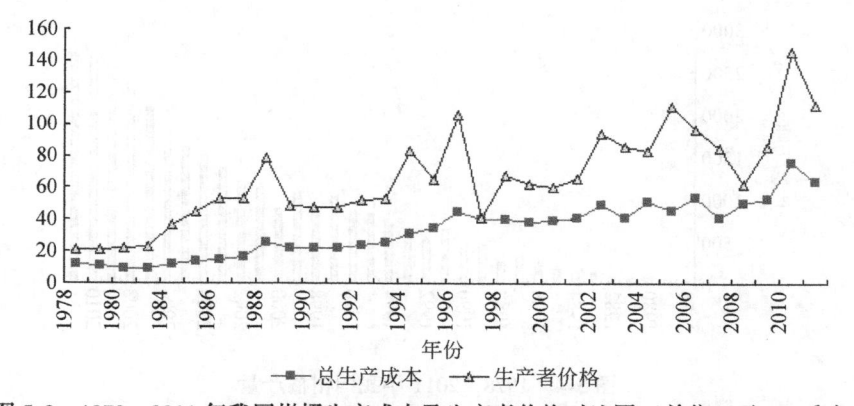

图 5-3 1978~2011年我国柑橘生产成本及生产者价格对比图（单位：元/50千克）

Fig. 5-3 Tendency of Production Cost and Farm price of Citrus from 1990 to 2011

由图5-3可以看出，我国柑橘的总生产成本与生产者价格都存在明显的上升趋势。对比而言，柑橘的生产者价格波动更大，总成本波动相对较小。但是二者的波动曲线有很大的相似性，虽然振幅不太一样，但是达到波峰或波谷的时间却基本重合。尤其在1988年，柑橘的生产者价格为78.28元/50千克时，其生产成本也增长到25.5元/50千克，都达到了区间上的极值。1996年、2010年亦是如此，在生产者价格迅速提高的同时，总伴随着生产成本的增加。这些足以证明柑橘的总生产成本的变化对其生产者价格的波动具有很强的推动作用。柑橘的生产成本是影响其生产者价格波动的重要组成部分，不容忽视。

5.2.2 柑橘的产量

柑橘的总产量对柑橘的生产者价格有着重要的影响。一般来说，与国外市场相比，我国国内市场的开放程度还不够。目前，市场上产品还是遵从"物以稀为贵"的原则。产品的总供应量越大，价格就越低；反之，产品的总供应量越小，价格就越高。由于特殊的历史背景，我国柑橘的种植由千千万万个规模超小的农户来完成，小农户的生产决策有一定的随意性和盲目性，而且也有可能会相互影响，故有可能产生循环现象：柑橘的价格下降，导致柑橘种植户缩小种植面积，供给量剧减；柑橘的价格上涨，柑橘种植户选择扩大生产，导致供给量剧增。此外，千千万万个超小规模的柑橘种植模式使得柑橘的产量不易控制，种植户种植决策的变动容易导致柑橘产量的波动，或者供应量超过市场的容量，或者供应量不足市场需求，进而影响柑橘生产者价格的波动。

图 5-4　1978~2011 年我国柑橘产量

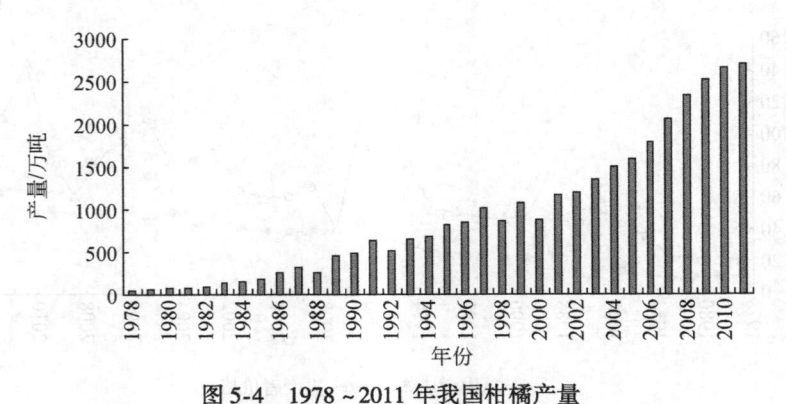

Fig. 5-4　Yield of Citrus from 2001 to 2011 in China

如图 5-4 所示，改革开放以来，柑橘的产量逐年增加。1978~2011 年，我国柑橘产量呈直线上升。其中，1983 年以前柑橘产量增加缓慢，1984~1997 年是柑橘产量的迅速增长期，1997 年柑橘产业进行结构调整，包括优势区域带的布局及结构调优等，而 1997 年至今算得上是一个真正的实力增强的过程。2011 年柑橘的产量达到 2700 万吨，约为 1978 年产量的 70 倍，平均增速达到 2.89%。柑橘产量的迅速增长，与我国水果市场开放及居民需求的增加是分不开的，对柑橘生产者价格的波动有着较大的影响。

5.2.3　自然灾害

柑橘属于种植业，容易受到自然灾害的影响。例如，2008 年年初的冻雪灾害对柑橘产业产生了重大的影响。一般情况下，自然灾害会使得柑橘产量降低，柑橘价格上涨，在替代品价格变化不大的情况下，消费者会相应减少柑橘的消费需求。事实上，考虑柑橘产量时已经暗含了自然灾害因素。本研究之所以还是把自然灾害作为影响柑橘生产者价格的因素，是因为自然灾害一般会影响柑橘的上市时间，而柑橘的上市时间变化了，价格自然会受到影响而产生波动。

自然灾害对柑橘的产量有着重要的影响，尤其是旱灾、水灾、风雹灾、霜冻、病虫害等是引起柑橘减产的首要原因，故受灾情况对柑橘当年的生产者价格有着重要的影响。本研究选取受灾面积指标来衡量当年的自然灾害情况。受灾面积是指年内因遭受旱灾、水灾、风雹灾、霜冻、病虫害及其他自然灾害，使作物较正常年景产量减产一成以上的农作物播种面积。受灾面积会影响当年柑橘的产量。本研究对比受灾面积与柑橘单产数据，如图5-5所示。

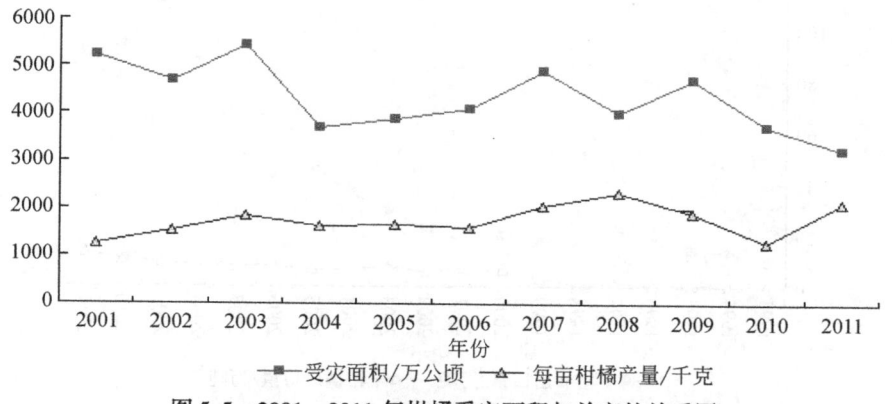

图 5-5 2001~2011年柑橘受灾面积与单产的关系图

Fig. 5-5 The Relationship Between Citrus' Yield and Affected Area from 2001 to 2011 in China

图5-5中，受灾面积的单位是万公顷，而柑橘单产的单位是千克。由图可知，受灾面积与柑橘单产之间存在着一定的反向关系。在2001年，农作物受灾面积较大的时候，柑橘的单产较低，仅为1239.9千克/亩；2002年，农作物受灾面积稍微降低，柑橘单产较去年有所提升。随后的几年里，柑橘单产与受灾面积之间也存在这种反向的关系。尤其是在2008年，受灾面积达到新低的时候，柑橘的单产创了新高。而2011年的情况亦是如此。因此，柑橘的产量与受灾面积之间存在着很大的负相关性。一般情况下，某一年的受灾面积越大，柑橘的产量就会越低，进而会抬高市场上柑橘的价格。相反，当某一年风调雨顺，柑橘的产量剧增，则有可能会降低市场上柑橘的价格。因此，柑橘的受灾情况对其价格有着潜在的影响。

5.2.4 柑橘的进出口量

在全球经济一体化的浪潮中，尤其在中国加入WTO之后，国际农产品价格会迅速传导并影响着国内农产品的价格。我国既是柑橘生产大国，也一直是柑橘及其加工品的出口强国。国内柑橘价格受到国际市场行情的影响是毋庸置疑的。柑橘作为我国种植面积和产量最大的水果，除了供国内居民消费外，还远销海内外。我国生产的柑橘因为较好的品质和口感，已经得到了世界的认可。图5-6为我国柑橘1993~2011年的进出口贸易情况。

由柑橘的进出口贸易量可以看出，我国柑橘一直处于贸易顺差的状况。柑橘的进口量一直比较小，而出口量较大。尤其在2001年加入WTO以后，柑橘

图 5-6　1993～2011 年柑橘进出口贸易情况

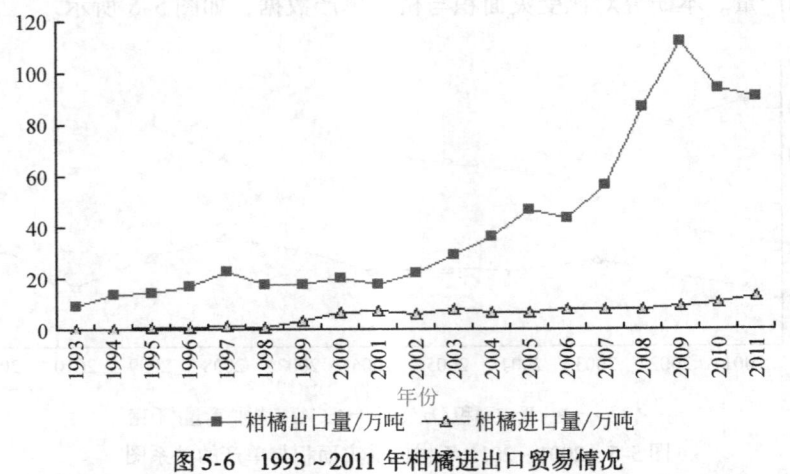

Fig. 5-6　The Import Trade and Export Trade of Citrus from 1993 to 2011 in China

的出口量迅速提升，2009 年柑橘的出口量最大为 111.3 万吨，创历史新高，是 1993 年出口量的 12.5 倍。相反，我国柑橘的进口量则变化不大，多年来一直维持在 15 万吨以下。纵观柑橘的进出口贸易情况，可以看出，我国柑橘的净出口一直为正数。

柑橘的进出口量对柑橘的生产者价格有一定的影响。柑橘进出口量的多少，会影响我国国内市场柑橘的供给量。净出口量越多，国内市场上的柑橘量就越少。供给的减少会促进国内市场上柑橘价格的上涨。相反，若净出口量越少，国内市场上的柑橘量就越多，若供大于求，会降低市场上柑橘的价格。因此，柑橘的进出口量，也会间接影响国内市场上柑橘的生产者价格。

5.2.5　汇率及出口价格

汇率是一国货币兑换另一国货币的比率，是以一种货币表示另一种货币的价格。在其他条件不变的情况下，双边实际汇率下降意味着中国的贸易伙伴国和地区能够用较少的货币换取同样多的柑橘，因而促进中国柑橘的出口。反之，若双边实际汇率上升，将会对中国柑橘的出口不利。多数学者的研究证实汇率波动对国内物价是有影响的（周世新和罗忠洲，2010；Mckinnon & Ohno，1997；Bacchetta and Wincoop，2001；Choudhri and Hakura，2006），争论之处在于汇率是如何影响国内市场价格的。因此，汇率对我国柑橘价格的影响是不容忽视的。

此外，学者的研究还证实了国际市场价格会影响国内市场价格（焦军普，2007；杨咸月，2006；赵革和黄国华，2005）。由此推断，柑橘的出口价格对我国柑橘的生产者价格也有一定的影响。柑橘鲜果的出口价格越高，我国的柑橘产品就越倾向于出口他国，寻求更高的经济收益，而出口价格与国内市场价格相互影响，并最终趋于一致。柑橘出口的价格还会影响柑橘的出口量。出口价格受到生产成本、运输费用、企业利润等因素的影响。柑橘的出口价格越高，我国从出口贸易中所获的利益就越大。

5.2.6 种植户对未来价格的预期

理论上，对于柑橘种植户来说，要减少柑橘的种植面积还是增加柑橘的种植面积，主要会考虑两点：第一，会考虑柑橘生产成本如何变化，生产成本是增加还是减少？对自己的收入有何影响？第二，会根据个人经验预测下一个产季柑橘的价格大小，从而确定自己的种植决策。

目前来说，柑橘市场基本上趋近于完全竞争市场，市场的自我调节能力很强。然而，柑橘的从开花到结果，直至果子成熟，有一定的生长周期。市场上当期柑橘的价格再高，供应短缺现象表现得再明显，也不可能像工业产品一样，能够马上生产出来，从而缓解当期的柑橘市场供给与需求的矛盾。因此，柑橘生产具有一定的滞后性。如果不能从根本上认清这种滞后性，柑橘种植者仅仅通过当期价格，就对下一期价格作出乐观或者悲观的预测，很容易作出错误的、不利于自己的生产决策。然而，目前在我国，农户常常属于信息匮乏的一方，不能作出正确的市场预期，这也是柑橘市场价格波动剧烈的原因。柑橘的生产及价格的反应滞后，使得蛛网式价格波动不可避免。

5.3 柑橘生产者价格及其影响因素关系的实证研究

前面主要从理论上分析了影响柑橘生产者价格的因素，并着重分析了生产成本变化对柑橘价格的影响。除了生产成本之外，还有很多其他因素对柑橘生产者价格的影响并不像生产成本那样直接，但是影响却是不可忽视的。因此，本节将通过通径分析方法进行深入分析，对生产者价格及其影响因素之间的关系进行实证分析，从而计算出各因素对生产者价格的影响程度。

5.3.1 通径分析原理

通径分析是一种研究多个变量之间多层因果关系及其相关强度的方法。它是由美国遗传学家 S. 赖特于 1921 年首创，后被引入经济社会学研究中的统计分析方法之一。它有如下功能：①可以找出模型中任意两个变量x_i与x_j间是否存在相关关系；②若存在相关关系，则进一步研究两者间是否有因果关系；③若x_j影响x_i，那么x_j是直接影响x_i，还是通过中介变量间接影响或两种情况都有；④直接影响与间接影响两者的大小如何。

通径分析的方法是，先根据有关的理论知识构建一个"因果关系"的结构模型，绘制出模型的路径分析图，找出模型中所有变量之间尽可能有的因果关系，然后计算各自的通径系数。一般情况下，变量之间往往是相互影响的，从相关系数中很难度量某一个特定的自变量对因变量的影响程度。而通径分析通过通径网络图，不仅可以把相关关系和回归系数直观地表示出来，还能将相关系数或者回归系数分解成直接影响和间接影响，即直接通径系数和间接通径系数。直接通径系数表示自变量对因变量的直接影响程度，而间接通径系数则表明某一自变量由于受其他自变量的作用而对因变量的影响程度。

设有因变量y及自变量x_1与x_2可能相互独立，也可能彼此相关，其简单相关系数$r_{12} \neq 0$。如果将x_1与x_2对y的影响图解为

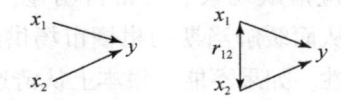

则称x_1或x_2指向y的连接线$x_1 \to y$及$x_2 \to y$为直接通径，称$x_1 \to x_2 \to y$及$x_2 \to x_1 \to y$为间接通径。类似地，如果有多个自变量x_1，x_2，…，x_m存在，则称x_j指向y的连接线$x_j \to y$为直接通径，称$x_{j1} \to x_{j2} \to y$或$x_{j2} \to x_{j1} \to y$为间接通径，这里的j、$j1$、$j2 = 1$，2，…，m且$j1 \neq j2$。

在直接通径$x_j \to y$上，若x_j的取值增加一个标准差单位时，y将要改变的标准差单位数p_j称为通径$x_j \to y$的系数。x_j增加时，若y也增加，则$p_j > 0$；x_j增加时，若y反而减少，则$p_j < 0$。因此，通径系数p_j可以看做是x_j对y的标准效应，而p_j的绝对值则反映x_j对y的标准影响力。可以根据p_j的绝对值确定x_j对于改变y的取值的相对重要性。

如果与m元线性回归方程

$$y = b_0 + b_1 x_1 + b_2 x_2 + \cdots + b_m x_m$$

简写成：

$$y = b_0 + \sum_j b_j x_j$$

则m元标准回归方程为

$$y^* = \sum_j d_j x_j^*$$

通径 $x_j \to y$ 的系数则被定义为

$$p_j \text{ 或 } p_{j \to y} = d = b_j \sqrt{\frac{l_{jj}}{l_{yy}}}$$

而间接通径 $x_{j1} \to x_{j2} \to y$ 的系数则定义为

$$p_{j1 \to j2 \to y} = r_{j1j2} p_{j2 \to y}$$

如此类推，间接通径 $x_{j2} \to x_{j1} \to y$ 的系数则定义为

$$p_{j2 \to j1 \to y} = r_{j1j2} p_{j1 \to y}$$

当 x_{j1} 与 x_{j2} 互不相关时，间接通径 $x_{j2} \to x_{j1} \to y$ 的系数与间接通径 $x_{j1} \to x_{j2} \to y$ 的系数则都为 0。根据以上通径分析的定义，计算通径系数 p_j 的正规方程组为

$$\begin{cases} r_{11}p_1 + r_{12}p_2 + \cdots + r_{1m}p_m = r_{1y} \\ r_{21}p_1 + r_{22}p_2 + \cdots + r_{2m}p_m = r_{2y} \\ \cdots \\ r_{m1}p_1 + r_{m2}p_2 + \cdots + r_{mm}p_m = r_{my} \end{cases}$$

由这个正规方程组可以看出，x_j 与 y 的简单相关系数等于 x_j 与 y 的直接通径系数及其他间接通径系数的代数和。本章试图研究生产者价格及其影响因素之间的因果关系，并测算各影响因素对生产者价格的直接或者间接影响程度，用通径分析方法是非常合适的。

5.3.2 指标选取

根据前面的分析，从供给视角研究的柑橘价格实际上是生产者价格，也叫收购价格。从经济学原理上分析，直接影响柑橘价格的因素为生产成本和柑橘产量，因为生产成本的大小对生产者价格有直接的推动作用，且产量对价格有很大的影响。此外，其他影响因素如自然灾害情况、柑橘的进出口量、汇率、出口价格及种植户对未来价格的预期等对价格的影响都不可忽视。

根据数据的可获取性，本章选用每 50 千克主产品的生产成本作为柑橘的平均生产成本，单位为元/50 千克。自然灾害情况选用受灾面积来衡量，单位是千公顷。柑橘的净出口量分别用历年的出口量减去进口量计算而来，单位是万吨。出口价格采用我国柑橘出口的平均价格来衡量。此外，为了剔除汇率变化对我国柑橘出口的影响，本章已经按照当年的中间汇率把柑橘的平均出口价格换算成了人民币，故在分析影响柑橘价格的因素时，不再特意研究汇率对价格的影响。另外，种植户对未来价格的预期大小不方便衡量，因此本章暂不考虑。

为了实证研究计算方便，本章特将变量命名如下：柑橘生产者价格（y）、

柑橘生产成本（x_1）、柑橘总产量（x_2）、受灾面积（x_3）、柑橘净出口量（x_4）、出口价格（x_5）。下文将通过通径分析来研究柑橘生产者价格及五个主要影响因素间的关系。

5.3.3 数据来源

本研究的数据来源为官方统计资料，主要有《全国农产品成本资料汇编》、《中国农村统计年鉴》、《中国农产品价格调查年鉴》、《中国农业统计年鉴》、《新中国农产品价格》、《中国物价年鉴》等相关统计年鉴。其中，出口价格是经作者计算整理而得，具体方法是柑橘的出口值除以出口量。而柑橘的出口值及出口量来源于联合国的 comtrade 数据库，网址为 http：//comtrade.un.org/。

5.3.4 实证分析过程

在进行通径分析之前，首先计算了因变量柑橘生产者价格（y）与五个自变量柑橘生产成本（x_1）、柑橘总产量（x_2）、受灾面积（x_3）、柑橘净出口量（x_4）及出口价格（x_5）之间的简单相关系数，如表5-3所示。

表5-3 柑橘影响因素间的简单相关系数表
Table 5-3 The Simple Correlation Coefficient of Variables

系数	y	x_1	x_2	x_3	x_4	x_5
y	1.000					
x_1	0.763	1.000				
	0.000					
x_2	0.575	0.833	1.000			
	0.010	<0.0001				
x_3	-0.610	-0.737	-0.697	1.000		
	0.006	0.000	0.001			
x_4	0.489	0.742	0.938	-0.600	1.000	
	0.034	0.000	<0.0001	0.007		
x_5	0.524	0.542	0.658	-0.548	0.698	1.000
	0.021	0.016	0.002	0.015	0.001	

注：此表经作者整理计算得到

表 5-3 中的数据表明，柑橘的生产者价格（y）与影响因素变量之间多为中度相关关系，简单相关系数在 0.5~0.7 的居多。其中，柑橘生产成本（x_1）与柑橘总产量（x_2）之间的简单相关系数达到了 0.833，为高度相关关系，事实上这两个指标之间的确存在着一定的关系，柑橘生产成本的增加会使种植户改变种植意愿，从而影响到柑橘的总产量。此外，柑橘总产量（x_2）与柑橘净出口量（x_4）之间的简单相关系数达到了 0.938，也属于高度相关，事实上柑橘的总产量越多，柑橘的出口量就越大，故这两者之间的相关系数高是合理的。

另外，从表 5-3 还可以看出，所有简单相关系数都比较显著，所有相关系数的 P 值都小于 0.05，说明表中各变量间的简单相关系数都是有意义的，能够反映变量间的内在联系。

在涉及多个变量时，多个变量之间可能存在着不同程度的线性相关关系。某个变量变化时，其他的变量也在变化，且任意几个变量的变化都可能影响其他变量的取值。因此，两个变量之间的简单相关系数往往并不能反映它们之间真实的线性相关关系。因此，有必要在其他变量都保持不变的情况下计算某两个变量的相关系数。为了与简单相关系数有所区别，在其他变量都保持不变的情况下，某两个变量的相关系数都被称为偏相关系数。这里所说的"保持不变"是指统计学中消去其他变量变化取值的影响。变量间的偏相关系数如表 5-4 所示。

表 5-4 变量间的偏相关系数表
Table 5-4 The Partial Correlation Coefficient of Variables

系数	y	x_1	x_2	x_3	x_4	x_5
y						
x_1	0.589					
x_2	−0.037	0.376				
x_3	−0.063	−0.259	−0.253			
x_4	−0.165	0.010	0.817	0.209		
x_5	0.330	−0.226	−0.065	−0.213	0.381	

注：此表经作者整理计算得到

偏相关系数才能真正反映变量间的关系。表 5-4 表明，柑橘生产者价格（y）与生产成本（x_1）之间是正相关关系，与柑橘产量（x_2）之间是负相关关系，与受灾面积（x_3）之间的关系是负相关关系，与变量柑橘净出口量（x_4）之间也是负相关关系，而与出口价格（x_5）之间是正相关关系。偏相系数基本上能够反映各自变量与因变量之间存在的正反向关系。

事实上，柑橘生产者价格（y）与生产成本（x_1）之间的偏相关系数是0.589，是合理的。这是因为生产成本是生产者价格的主要构成成分，根据经济学原理，柑橘的生产者价格由生产成本和利润构成。利润在一般情况下是正的，生产者价格一般都高于生产成本。当然在少数情况下，利润也可能为负数，此时柑橘的生产者价格也可能低于生产成本。但是不管怎样，生产成本对生产者价格的促进作用一直存在，二者之间是正的相关关系，本节所得的偏相关系数为0.589，与实际情况相符合。

此外，柑橘生产者价格（y）与柑橘产量（x_2）之间的偏相关系数是-0.037，也是符合经济学意义的。一般情况下，柑橘的产量越大，价格会越低；产量越小，价格会越高。二者的这种反向关系一直存在于价格的运动中。偏相关系数反映了在其他变量都保持不变的情况下，柑橘生产者价格（y）与柑橘产量（x_2）之间是负的相关关系，与之前的理论推导相符合。

柑橘生产者价格（y）与受灾面积（x_3）之间的偏相关系数是-0.063，柑橘生产者价格（y）与柑橘净出口量（x_4）之间的偏相关系数是-0.165，即柑橘生产者价格与受灾面积、柑橘净出口量之间存在着负的相关关系，但是负向的影响程度并不大。一般情况下，柑橘的生产首先要满足国内市场的需求，净出口量越大，反映国内柑橘的供给量越大，价格也相对较低。

柑橘生产者价格（y）与出口价格（x_5）之间的偏相关系数是0.330，说明生产者价格与出口价格之间有较大的正向影响，这和之前的理论推导也比较符合。这进一步说明了在市场开放的今天，国际市场上的价格对国内商品的价格有一定的正影响。

根据表5-3可以得到计算通径系数的正规方程组：

$$\begin{cases} p_1 + 0.833p_2 - 0.737p_3 + 0.742p_4 + 0.542p_5 = 0.763 \\ 0.833p_1 + p_2 - 0.697p_3 + 0.938p_4 + 0.658p_5 = 0.575 \\ -0.737p_1 - 0.697p_2 + p_3 - 0.600p_4 - 0.548p_5 = -0.610 \\ 0.742p_1 + 0.938p_2 - 0.600p_3 + p_4 + 0.689p_5 = 0.489 \\ 0.542p_1 + 0.658p_2 - 0.548p_3 + 0.698p_4 + p_5 = 0.524 \end{cases}$$

通过解以上正规方程组，可以求出 p_j：

$p_1 = p_{x_1 \to y} = 0.85969$；$p_2 = p_{x_2 \to y} = -0.08185$；$p_3 = p_{x_3 \to y} = 0.05926$；$p_4 = p_{x_4 \to y} = -0.31657$；$p_5 = p_{x_5 \to y} = 0.29945$

接着，根据以上正规方程组的解，得到各变量的直接及间接通径系数，如表5-5所示。

表5-5 通径分析结果
Table 5-5 The Reslut of Path Analysis

变量	相关系数 $x_i \to y$	直接作用 y	间接作用 总的	$x_1 \to y$	$x_2 \to y$	$x_3 \to y$	$x_4 \to y$	$x_5 \to y$
x_1	0.763	0.860	-0.097		-0.068	0.044	-0.235	0.162
x_2	0.575	-0.082	0.657	0.716		0.041	-0.297	0.197
x_3	-0.61	-0.059	-0.551	-0.634	0.057		0.190	-0.164
x_4	0.489	-0.317	0.805	0.638	-0.077	0.036		0.209
x_5	0.524	0.299	0.224	0.466	-0.054	0.032	-0.221	

注：此表经作者整理计算得到

由表5-5可以看到各变量之间间接作用的分解。间接作用总和最大的是柑橘净出口量（x_4），系数达到了0.805，而柑橘净出口量（x_4）通过对生产成本（x_1）、总产量（x_2）、受灾面积（x_3）及出口价格（x_5）作用从而间接影响柑橘生产者价格的影响系数分别为0.638、-0.077、0.036及0.209。总产量（x_2）对生产者价格的间接作用系数排在第二位，为0.657，通过对生产成本（x_1）、受灾面积（x_3）、净出口量（x_4）及出口价格（x_5）作用从而间接影响柑橘生产者价格的影响系数分别为0.716、0.041、-0.297及0.197。

此外，通过观察可知，所有变量通过作用于生产成本（x_1）变量后，对生产者价格的间接作用明显提高，间接影响系数都会剧增至0.6~0.7。而变量经过总产量（x_2）及受灾面积（x_3）变量的作用后，间接作用会显著降低，间接影响系数会减小到0.1之内。影响因素变量经过柑橘净出口量（x_4）和出口价格（x_5）变量作用后，间接影响系数会保持在0.2左右。因此，生产成本变量在间接通径中对自变量的影响程度有放大作用，总产量和受灾面积变量在间接通径中对生产者价格的影响程度有缩小的功效。由此可见，有些影响因素对生产者价格的直接影响并不大，但是通过作用于其他变量后，间接影响程度可能会很大；而有些影响因素对生产者价格的直接影响很大，但是通过作用于其他变量后，间接作用可能很小。

5.3.5 结果分析

上一节中通过通径分析方法对柑橘的生产者价格及影响因素之间的直接或间接关系进行了实证分析。本节将对通径分析的结果进行整理，以深入探讨各影响因素对生产者价格的影响程度。

由表5-6可知，5个主要影响生产者价格的因素对生产者价格的总作用、直接作用、间接作用和偏相关系数的大小和方向有很大的差异。事实上，总作用是直接作用和间接作用的总和。直接作用表示某一影响因素对生产者价格的直接影响，间接作用是指某一影响因素通过作用于其他影响因素，而对生产者价格的间接影响，而偏相关系数则反映了在保持其他影响因素不变的情况下，某一单一影响因素对柑橘生产者价格的影响程度。

表 5-6 柑橘生产者价格的主要影响因素分析
Table 5-6 The Main Influence Factors of Citrus' Farm Price in China

因变量	影响因素	综合作用	直接作用	间接作用	偏相关系数
柑橘生产者价格	生产成本（x_1）	0.763	0.860	-0.097	0.589
	总产量（x_2）	0.575	-0.082	0.657	-0.037
	受灾面积（x_3）	-0.610	-0.059	-0.551	-0.063
	净出口量（x_4）	0.489	-0.317	0.805	-0.165
	出口价格（x_5）	0.524	0.299	0.224	0.330

注：此表经作者整理计算得到

由表 5-6 可知，五个主要影响因素对柑橘生产者价格的直接作用系数按照绝对值大小排序依次为：柑橘生产成本（x_1）>柑橘净出口量（x_4）>出口价格（x_5）>柑橘总产量（x_2）>受灾面积（x_3）。其中，生产成本对生产者价格的直接作用系数为 0.860，可见生产成本对生产者价格的直接作用很大。其次，净出口量对生产者价格的直接作用系数为-0.317，说明出口价格对生产者价格的直接作用是负向的，影响程度也是很大的。再次，出口价格对生产者价格的直接作用系数为 0.299，说明出口价格对生产者价格的直接作用是正向的，影响程度也较大。受灾面积和总产量对柑橘生产者价格都有负的直接影响，但是影响程度都不大。

上述五个主要影响因素对柑橘生产者价格的间接作用系数按照绝对值大小排序依次为：柑橘净出口量（x_4）>柑橘总产量（x_2）>受灾面积（x_3）>出口价格（x_5）>柑橘生产成本（x_1）。其中，柑橘净出口量对生产者价格的间接作用系数为 0.805，可见净出口量对生产者价格的间接作用很大。其次，柑橘总产量对生产者价格的间接作用系数为 0.657，说明总产量对生产者价格的间接作用是正向的，影响程度也是很大的。再次，受灾面积对生产者价格的间接作用系数为-0.551，说明受灾面积对生产者价格的间接作用是负向的，影响程度也较大。出口价格对生产者价格的间接作用系数为 0.224，而生产成本对生产者价格的间接作用系数较小，仅为-0.097。

此外，对表 5-6 进行深入分析发现，从偏相关系数的绝对值来看，五个影响因素中对柑橘生产者价格影响从大到小排序依次为生产成本（x_1）>出口价格（x_5）>柑橘净出口量（x_4）>受灾面积（x_3）>柑橘总产量（x_2）。从偏相关系数的值来看，生产成本（x_1）和出口价格（x_5）对柑橘生产者价格的影响较大，分别为0.589和0.330，其他的因素对柑橘生产者价格的影响程度相对较小。其中，净出口量（x_4）对生产者价格的偏相关系数为-0.165，受灾面积（x_3）对生产者价格的偏相关系数为-0.063，且柑橘总产量（x_2）对生产者价格的偏相关系数为-0.037。

值得一提的是，综合作用是直接作用与间接作用的总和。对综合作用系数按照绝对值大小进行排序的结果为：生产成本（x_1）>受灾面积（x_3）>柑橘总产量（x_2）>出口价格（x_5）>柑橘净出口量（x_4）。从综合作用的影响系数来看，每个自变量对因变量生产者价格的影响程度都是比较大的，这也在一定程度上证实了本研究所选指标的正确性，基本上找出了影响柑橘生产者价格的主要影响因素。总的来说，生产成本（x_1）对生产者价格的综合作用最大，影响系数达到了0.763。其次是受灾面积（x_3），对生产者价格的综合作用系数为负，影响程度为0.610。柑橘总产量（x_2）对生产者价格的综合作用系数为0.575，而出口价格（x_5）和净出口量（x_4）对生产者价格的综合作用系数分别为0.524和0.489。

此外，对比表5-6中各种作用系数的大小及方向，发现柑橘的直接作用系数与偏相关系数的正负方向是一致的，这两个系数可以真正反映价格影响因素与生产者价格之间的内在联系。研究发现，各影响因素（因变量）对柑橘生产者价格（自变量）的作用大小和方向并不一致。在研究某一特定影响因素对生产者价格的影响时，要深入探讨其直接作用及间接作用，才能揭示数据背后的深层次含义。

表5-6进一步说明了通径分析方法可以克服相关分析和回归分析的缺点，具有很好的应用前景。本研究的实证结果说明，相关性较大的变量之间的直接作用可能很小，因为影响因素对生产者价格作用的同时，还受到其他影响因子的干扰，导致相关性大的因素可能所起的作用并不大；反过来，直接作用小的影响因素，可能间接作用较大。表5-6中，直接作用系数除了生产成本指标较大（为0.860）以外，其他影响因素的作用系数都不是很大。然而，通过与其他因素的间接作用后，大多数作用系数都维持在0.4~0.7。由此可见，在分析影响生产者价格的因素时，间接作用的影响也是不可忽视的。

5.4 本章小结

本章一开始就对柑橘鲜果价格的影响因素从供给视角进行了剖析，指出我国柑橘的供给主体是千千万万个分散且规模很小的农户,故本研究的柑橘价格实际上是其生产者价格。紧接着,分析了影响我国柑橘生产者价格的因素,它们是生产成本、柑橘总产量、自然灾害、净出口量、汇率、出口价格、种植户对未来的价格预期等。在实践中,由于出口价格的计算中考虑到了汇率,种植户对未来的价格预期在实践中并不容易衡量,因此本研究在柑橘生产者价格及其影响因素关系的实证分析中仅考虑了生产成本、总产量、自然灾害情况、净出口量及出口价格这五个主要因素。

随后,利用通径分析方法计算了柑橘生产者价格及五个主要影响因素间的综合作用系数、直接作用系数、间接作用系数及偏相关系数等。实证研究的结果表明:①五个主要影响因素对生产者价格作用的大小及方向与预期基本相符;②柑橘生产成本、柑橘净出口量、出口价格对生产者价格的直接作用系数较大;③柑橘净出口量、柑橘总产量、受灾面积对生产者价格的间接作用系数较大;④生产成本、出口价格及净出口量的偏相关系数较大;⑤生产成本、受灾面积及总产量的综合作用系数较大。

此外,本研究也说明,通径分析方法是一种比较有效的因果分析法,具有较高的应用价值。实践过程中,相关性较大的变量之间直接作用可能很小,因为影响因素对生产者价格作用的同时,还受到其他影响因子的干扰,可能导致相关性大的因素所起的作用并不大;反过来,直接作用小的影响因素,可能间接作用较大。因此,在分析影响生产者价格的因素时,直接作用和间接作用的影响都要考虑,不可忽视。

第6章
中国柑橘鲜果价格影响因素：
基于需求视角

本章将从需求的视角来研究影响柑橘价格的因素。在我国，柑橘需求的主体是千千万万个分散的以家庭为单位的消费者。对处于市场终端的消费者而言，柑橘的价格即是消费者价格。因此，本章将从柑橘的需求层面来探索影响柑橘消费者价格的因素，并对这些因素与价格的关系进行理论及实证研究。

6.1 对需求视角的剖析

通常情况下，需求可以指对社会总商品的需求，也可以指对某一特定商品的需求。前者是宏观经济学中的解释，后者是微观经济学的概念。本章主要讨论柑橘这一特定品种的需求及价格影响因素，属于微观经济学范畴。

我国居民对柑橘的消费有全年消费的愿望，然而柑橘的生产对自然环境的依赖性较大，成熟期较为集中，流通过程中冷链物流的缺失使得柑橘无法满足消费者全年消费的需求。此外，柑橘的消费市场是全国性的大市场，消费地非常分散，这就对柑橘的流通及物流提出了更高的要求。目前，我国柑橘的需求量主要来自城乡居民的消费需求及出口贸易的需求。此外，我国城乡居民也关注柑橘的品质，且有偏好于消费新鲜柑橘的习惯，而柑橘鲜果易腐易烂的特性对我国的柑橘保鲜技术提出了新的要求。

值得注意的是，柑橘需求是指消费者在某一特定时期内对柑橘产品愿意并且能够购买的数量。因此，柑橘需求的主体是众多分散的终端消费者，而消费者面对的柑橘价格实际上已经不再是生产者价格（或收购价格），而是消费者价格了。故从柑橘需求的视角来看，柑橘的国内总需求主要包括国内消费者需求及进出口贸易需求。柑橘的国内总供给与总需求共同决定消费者价格的均衡。因此，本章从需求视角研究柑橘价格及其影响因素，实际上是研究柑橘消费者价格的影响因素及各因素的影响程度。到底是哪些因素影响柑橘的消费者价格呢？影响程度如何？本章将揭开谜底。

6.2 需求视角下的柑橘鲜果价格影响因素

6.2.1 城市化进程

在我国，城市化的含义有广义和狭义之分。广义的城市化是指社会经济的变化过程，包括农业人口非农业化、城市人口规模扩张、城市用地向郊区扩展、城市数量增加、城市经济技术变革进入乡村等的过程。狭义的城市化是指农业人口不断转变为非农业人口的过程。本章所指的城市化，是狭义的城市化，选用指标城市化率（即城市人口占总人口的比重）来衡量。1978~2011年我国的城市化率指标如图6-1所示。

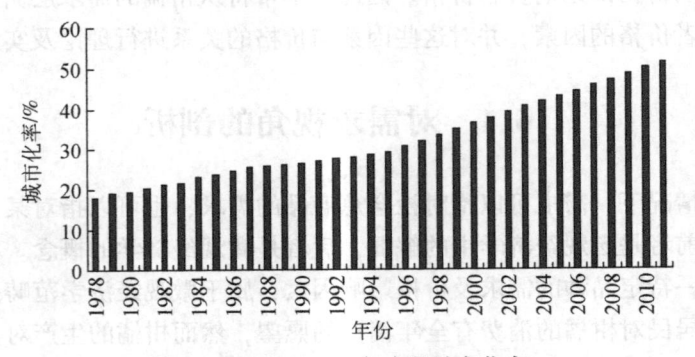

图6-1 1978~2011年中国城市化率

Fig. 6-1 The Urbanization Rate of China from 1978 to 2011

由图6-1可知，我国的城市化率在改革开放的30多年里直线上升。1978年，城市人口仅占我国总人口的17.92%，农村人口占总人口的83%，城市人口与农村人口的比重为1:5.6，进一步证实了改革开放以前我国是真正的农业大国。随着经济的发展，2011年我国的城市化率水平为51.27%，农村和城市人口的比重约为1:1，说明我国已经有过半数的人口为城市人口，与1978年相比约33.35%的农村人口已经实现了从农村到城市的转移。这是我国的一大跨越。

事实上，在我国的历史中，农业发展为工业发展作出了重大的牺牲，而工业发展切实带动了城市的发展。因为工业化能够使城市成为区域经济的中心。然而，只有市场化才能够带动经济发展，实现农业人口向非农业人口的转化。

加快人口城市化水平，有助于扩大国内柑橘鲜果的消费需求。从某种程度上来说，人口城市化对经济增长的促进方式主要体现在对最终消费的不断提高上，故人口的城市化在理论上能够促进柑橘的需求量增大，从而影响柑橘的消费者价格。

6.2.2 消费者的收入水平

城镇居民人均可支配收入是指城镇居民家庭全部现金收入中用于安排家庭日常生活的那部分收入。它是家庭总收入扣除缴纳的所得税、社会保障费及补贴后的收入，用以衡量城市居民收入和生活水平最常用的指标。2012年7月，31省份公布的2011年城镇居民人均可支配收入中，上海、北京、浙江占前三名，说明这三省的消费潜力很大。1978~2011年我国城镇居民人均可支配收入如图6-2所示。

图 6-2 1978~2011年我国城镇居民人均可支配收入
Fig. 6-2 The Per-capita Disposable Income of Urban Residents from 1978 to 2011

由图6-2可知，城镇居民人均可支配收入在改革开放的30多年里呈直线上升。1978年，城市居民的人均可支配收入仅为343元/人，而2011年我国城镇居民的人均可支配收入已达到了21 809.8元/人，是1978年的63.6倍。从增长幅度上看，1978~1995年增长幅度缓慢，1995~2011年增长速度非常快，这与我国经济处于加速发展时期是分不开的。

一般情况下，居民的可支配收入越多，对柑橘等水果的消费相对就越多。由经济学中的价格弹性理论可知，柑橘作为一种居民的日常消费品，随着城镇居民经济收入水平的逐步提高，居民对柑橘消费的投入也会随着经济水平的提高而适当增加。这也间接说明柑橘的需求收入弹性值在理论上应该是一个正数。城镇居民收入的提高，能够促进柑橘消费量的增多，并最终导致柑橘涨价。从最新的统计资料可以看出，我国城镇人口的经济收入水平较以往都有了大幅度的提高。这在一定程度上，促进了国内市场上柑橘需求量的逐年增加。因此，目前来说居民收入水平对柑橘价格有着一定的影响。

6.2.3 宏观经济发展

衡量我国宏观经济发展最重要的指标是国内生产总值（gross domestic product，GDP）。国内生产总值是指在一个季度或者一年之内，一个国家或地区内的所有单位、个人所生产出来的产品、劳动和服务的总产值。该指标被世界各国公认为是衡量国家经济形式的最佳指标。它不但可以表现国家某段时期内的经济总量，还可以表现一国在国际上的实力。

由图6-3可知，我国的GDP在改革开放的30多年发展极其迅速。1978年，GDP总额仅为0.4万亿元，而2011年GDP总额已达到47.3万亿元，是1978年GDP总额的118倍。从增长幅度看，1978~1995年我国GDP总额增长缓慢，一直维持在5万亿元以内；1995~2011年，GDP总额增长迅速，这在一定程度上归功于改革开放的进一步落实，以及以经济为中心的国家政策的实施。

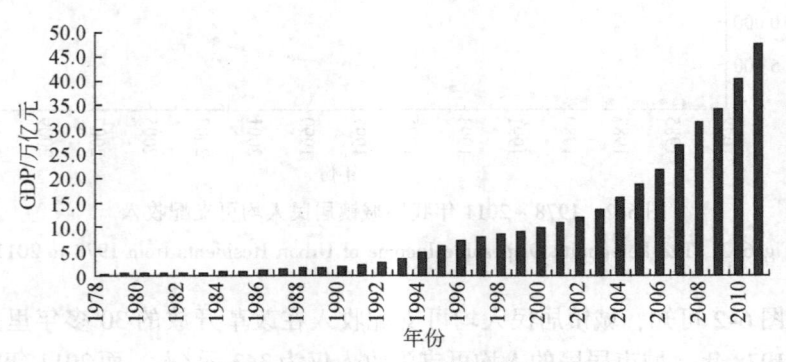

图6-3 1978~2011年我国GDP序列

Fig. 6-3 The Gross Domestic Product of China from 1978 to 2011

经济的快速发展拉动了国内需求，对农产品的价格有着重要的影响，柑橘也不例外。"民以食为天"，作为生活必需品，农产品一直存在着刚性需求。然而随着经济飞速发展，对柑橘鲜果的需求不仅表现在鲜食上，还在柑橘的深加工方面有所涉及，如柑橘果汁、橙汁、橘瓣罐头等的加工及制作。而柑橘价格在一定程度上受经济发展的影响。若在经济扩张期，经济发展会带动总需求，这些深加工行业也纷纷扩张发展，对柑橘鲜果的需求自然加大；若在经济萎缩期，需求萎靡不振，行业发展前景黯淡，对柑橘鲜果的需求也会在一定程度上抑制，因此经济发展形势必然会影响到柑橘鲜果的供需，从而影响柑橘鲜果的价格。虽然相对于工业品来说，敏感度和力度可能弱一些，但是在分析柑橘鲜果的价格趋势时，宏观经济形势是不可或缺的一项。

6.2.4 物价水平

物价水平是指整个经济的物价，而不是某物品或某类物品的价格，是用来衡量目标市场潜在消费能力的重要指标。物价稳定标志着社会总体需求量、财政收支及货币供应量与需求量的基本平衡。目前，衡量物价水平最常用的指标是居民消费价格指数（CPI）。

CPI 是衡量一个国家或地区居民消费价格情况的指标。该指标既包括城乡居民日常生产需要的各类消费品价格，也包括多种与人民生活密切相关的服务项目价格，可以全面反映市场价格变动因素及其对居民实际生活的影响程度。国际上通常将居民消费价格指数作为反映通货膨胀（或通货紧缩）程度的重要指标。

居民消费价格指数根据对比基期的不同分为环比价格指数（以上一期为基期）和定基价格指数（以某一固定时期为基期）。无论价格指数如何变化，都是为了观察物价变动的趋势及规律。图 6-4 反映了改革开放 30 多年里我国 CPI 的变化情况。图 6-4 中，上年为 100 的曲线是环比价格指数，1984 年为 100 的曲线是定基价格指数。环比价格指数因为只和前一年进行比较，并不能完整地反映长期趋势。因此在计算过程中，将环比价格指数转化成以 1984 年为 100 的定基价格指数。从图中可以看到，定基价格指数反映了历年物价的长期波动及通货膨胀情况。以 1984 年为 100，2011 年的定基指数达到了 471.3，为 1984 年的 4.7 倍。可见，多年来我国的通货膨胀是比较严重的。尤其是结构性通货膨胀容易导致劳动力、资源、进口商品的价格上升，从而演变成全面的成本推动型通货膨胀，进而抬高商品的价格。

6.2.5 替代品价格

柑橘作为我国非常重要的果品之一，在我国居民消费中占据着非常重要的地位。目前，市场上的水果主要有苹果、香蕉、梨、柑橘等，不同季节还有一些新鲜的水果上市。每种水果在上市初期，由于供应相对短缺，价格都相对较高。而随着成熟期的到来，市场上水果供应量的增大，会促使水果的价格下降。事实上，除了水果上市的时期影响价格以外，不同种类的水果之间的替代作用，也会影响水果的需求量。比如苹果、梨、香蕉等水果的消费与价格，会影响柑橘的价格及市场需求量。图 6-5 为我国柑橘、苹果、香蕉 2002 年第一季度到 2011 年第四季度的消费者价格（选用集贸市场价格替代）对比图。

图 6-4　1984～2011 年 CPI 序列

Fig. 6-4　The Consumer Price Index of China from 1984 to 2011

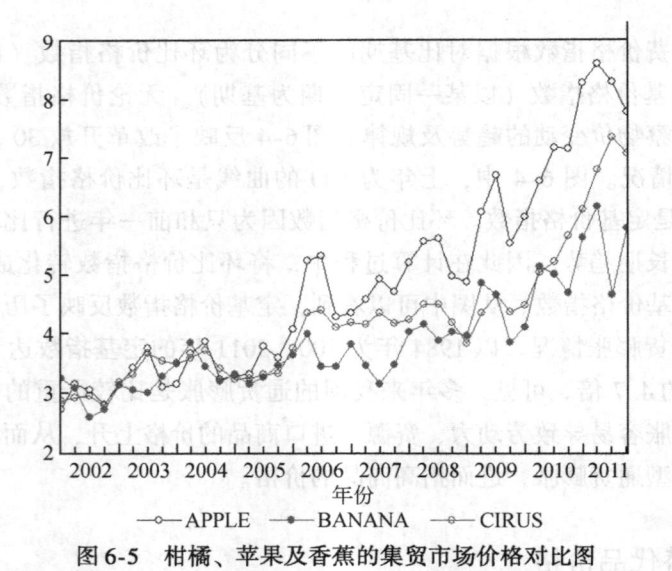

图 6-5　柑橘、苹果及香蕉的集贸市场价格对比图

Fig. 6-5　Diagram of Bazaars Market Price of Cirus & Apple & Banana

由图 6-5 可知，2002～2011 年柑橘、香蕉及苹果的消费者价格波动剧烈。2002 年第一季度柑橘的价格为 2.87 元/千克，香蕉的价格为 3.24 元/千克，而苹果的价格为 2.72 元/千克。随着我国加入世界贸易组织，柑橘、香蕉及苹果

的价格市场更为开放，开始出现较大的差距。从2005年开始，苹果的价格开始在水果中领先，柑橘的价格略低于苹果价格，而香蕉的价格最低。虽然不同水果的价格波动曲线有着明显的不同，但是它们的上升趋势都十分明显，整体上还有较为强劲的上升空间。2011年第四季度柑橘的价格已达到7.06元/千克，苹果的价格已达到7.77元/千克，而香蕉的价格为5.77元/千克。价格在一定程度上能够反映水果的地位，从历年的消费者价格（用集贸市场价格代替）可以看出，柑橘已经成为人们生活中必不可少的水果之一了。

根据微观经济学的理论可知，若柑橘的某种替代商品的价格下降，由于替代效应的存在，消费者偏向于选择效应接近而价格相对较便宜的替代商品，从而会减少柑橘的消费量。而柑橘需求的减少在一定程度上会促使柑橘的价格也呈现出下降的趋势。相反，若柑橘替代品价格升高，则很有可能促进柑橘价格的提高。此外，值得一提的是，在我国，柑橘与其替代品之间的价格相差不大，基本上较为接近，这使得柑橘的替代效应的产生非常容易，替代现象较为普遍。

6.2.6 人口数量

随着人口数量的增长，柑橘作为水果的一大类，其消费需求必然有增长的趋势。虽然城乡居民人口数量及可支配收入存在着差异，但是从长期看我国人口数量的增长会导致柑橘的消费需求增长。1978～2011年我国人口数量如图6-6所示。

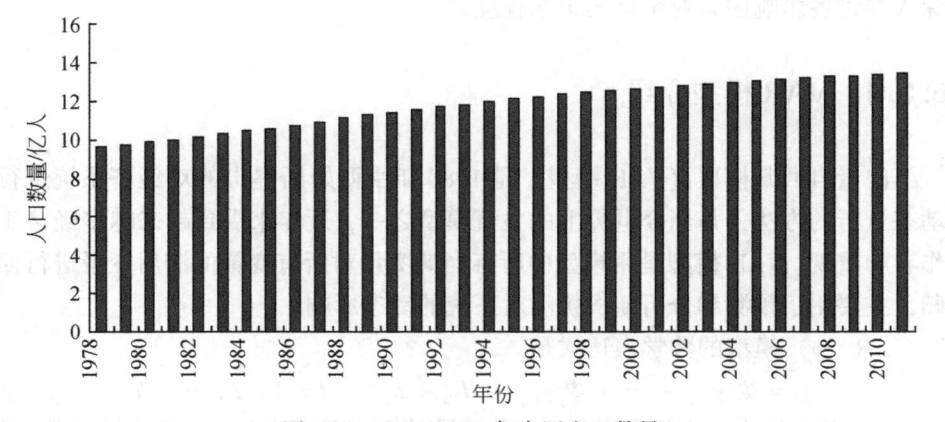

图6-6 1978～2011年中国人口数量

Fig. 6-6 The Size of Population from 1978 to 2011 in China

从历年的全国人口数量可以看出,我国在计划生育的推动下,人口数量有着缓慢增长的趋势。1978年我国人口数量为9.63亿人,而到2011年人口总量达到了13.47亿人,增长了39.97%。我国人口基数大,对食品的需求量相对也大。随着生活水平的提高,人们对柑橘等水果的需求也应该会呈现增长的趋势,势必会影响柑橘的市场价格。

6.2.7 突发事件冲击

突发事件是指突然发生的可能引发社会连锁反应、造成严重社会危害而需要采取应急措施的事件。农业领域的突发事件主要是指与农业生产、流通、消费密切相关,突然发生的造成重大损失或引起极大恐慌的事件,主要包括病虫害、环境污染和食品安全等。农业领域的突发事件不仅危害性大,而且持续时间长,解决起来较为困难(吕建兴等,2010)。2008年10月份的柑橘大实蝇事件就属于突发事件,在短时间内造成了极坏的社会影响,由于消费者的恐慌,柑橘的需求量骤减,当年的柑橘种植者遭遇了巨大的经济损失。因此,突发事件对柑橘价格有一定的影响。然而,突发事件发生的时间及其对价格的影响程度通常难以预料与度量。

6.3 研究方法、指标选取及数据来源

本节将选用VAR模型来研究柑橘消费者价格及其影响因素之间的关系,深入探讨各影响因素对价格的影响程度。

6.3.1 VAR模型介绍

向量自回归模型(VAR模型)是1980年由西姆斯提出的对经济系统进行动态分析的方法,是当今世界上的主流模型之一,近年来受到越来越多经济工作者的重视。VAR模型是用模型中所有当期变量对所有变量的滞后变量进行回归,主要用于预测和分析随机扰动对系统的动态影响。

AR(p)模型的数学表达式是

$$y_t = \Phi_1 y_{t-1} + \cdots + \Phi_p y_{t-p} + H x_t + \varepsilon_t \quad t = 1, 2, \cdots, T$$

式中,y_t是k维内生变量列向量;x_t是d维外生变量列向量;p是滞后阶数;T是样本个数。$k \times k$维矩阵$\Phi_1, \Phi_2, \cdots, \Phi_p$和$k \times d$维矩阵式$H$是待估计的系数矩阵。$\varepsilon_t$是$k$维扰动列向量,它们互相之间可以同期相关,但不与自己的滞后值

相关且不与等式右边的变量相关，假设 Σ 是 e_t 的协方差矩阵，是一个（$k×k$）的正定矩阵。上式可以展开表示为如下的公式。

$$\begin{pmatrix} y_{1t} \\ y_{2t} \\ \vdots \\ y_{kt} \end{pmatrix} = \Phi_1 \begin{pmatrix} y_{1t-1} \\ y_{2t-1} \\ \vdots \\ y_{kt-1} \end{pmatrix} + \cdots + \Phi_p \begin{pmatrix} y_{1t-p} \\ y_{2t-p} \\ \vdots \\ y_{kt-p} \end{pmatrix} + H \begin{pmatrix} x_{1t} \\ x_{2t} \\ \vdots \\ x_{dt} \end{pmatrix} + \begin{pmatrix} \varepsilon_{1t} \\ \varepsilon_{2t} \\ \vdots \\ \varepsilon_{kt} \end{pmatrix} \quad t = 1, 2, \cdots, T$$

即含有 k 个时间序列变量的 VAR（p）模型由 k 个方程组成。VAR 模型的右侧只有滞后变量，而这些变量与误差项不存在相关关系。用最小二乘法对 VAR 模型内的方程进行参数估计，参数估计值具有一致性。

VAR 模型不以严格的经济理论为依据，在建模过程中只需明确两件事：①确定哪些变量时有关联的，把有关系的变量包括在 VAR 模型中；②确定滞后期，使模型能够反映出变量间相互影响的绝大部分。由于模型的解释变量中不包括当期变量，所有克服了联立方程模型的一些缺点，被称为分析联合内生变量间动态关系的有效方法。

6.3.2 指标选取

本章欲从需求角度研究影响柑橘价格的因素，实际上是从消费者的角度来研究，根据前面的分析，主要影响因素有城市化进程、城镇居民人均可支配收入、国内生产总值、居民消费价格指数、替代品价格、人口情况及突发事件等。从理论上来分析，这些因素都对我国柑橘消费者价格或多或少有些影响。然而，突发事件具有不确定性，对柑橘价格的影响程度很难预料。因此，本研究暂不考虑突发事件冲击对柑橘消费市场价格的影响。

根据前述分析，影响柑橘消费者价格的主要影响因素分别为：城市化率、城镇居民人均可支配收入、国内生产总值、CPI、替代品价格、人口情况等。为了计算方便，对变量命名如下：城市化率（urbanization）、城镇居民人均可支配收入（income）、国内生产总值（GDP）、居民消费价格指数（CPI）、苹果价格（apple_price）、香蕉价格（banana_price）及人口情况（population）。此外，为了克服数据的剧烈波动和异方差，对选入 VAR 模型的七个变量取自然对数，并分别命名为 lnurbanization、lnincome、lnGDP、lnCPI、lnapple_price、lnbanana_price 和 lnpopulation。

值得一提的是，本章中研究的柑橘消费者价格，主要是指消费终端的价格。现实中消费者面对的消费终端主要是集贸市场和超市。由于目前超市的数据还没有官方统计资料，故将以集贸市场价格来代替柑橘的消费者价格。而文中提到的苹果、香蕉等替代产品的消费者价格也是用集贸市场价格代替。

6.3.3 数据来源

本研究的数据来源都来自官方统计年鉴，主要有《全国农产品成本资料汇编》、《中国农村统计年鉴》、《中国农产品价格调查年鉴》、《中国农业统计年鉴》、《新中国农产品价格》、《中国物价年鉴》等相关统计年鉴。其中，城市化率单位为%，城镇居民人均可支配收入的单位为万元/人，国内生产总值的单位为亿元，苹果、香蕉价格的单位为元/千克，总人口的单位是亿人。

6.4 柑橘消费者价格影响因素实证研究
——基于 VAR 模型

从理论上来讲，城市化进程、城镇居民人均可支配收入、国内生产总值、居民消费价格指数、替代品价格、人口情况及突发事件等因素都可能会影响柑橘的消费者价格。然而，这些影响因素与柑橘价格之间到底存在怎样的关系呢？本节将采用向量自回归模型来实证分析予以解答。

6.4.1 单位根检验

多数的经济时间序列数据都是不稳定的。一般来讲，对不平稳的数据序列进行回归会导致伪回归现象。VAR 模型构建时，要求所有的变量必须是平稳的。因此在建立计量模型之前要对所采用的时间序列进行单位根检验，以确定各序列的平稳性和单整阶数。检验的方法有 Phillips-Person（PP）和 Augment Dickey-Fuller（ADF）单位根检验。

本章采用 ADF 检验法，引入 ADF 统计量来进行检验。检验模型如下：

$$\Delta y_t = \gamma y_{t-1} + \sum_{i=1}^{p} \beta_i \Delta y_{t-i} + \varepsilon_t$$

式中，变量 t 为时间趋势项；变量 α、β 为参数；变量 ε 为误差项。其检验的原假设为 H_0：$\gamma=0$，备择假设为 H_1：$\gamma<0$。若原始数据无法拒绝原假设，将进行一次差分，并将差分后的序列重新进行 ADF 检验，待变量为平稳序列后建立 VAR 模型。

运用 EVIEWS5.0 进行单位根检验的结果见表 6-1。

表6-1 ADF单位根检验结果

Table 6-1 The result of ADF unit root test

变量	检验形式 (C, T, K)	t统计量	P值	平稳
lncirus_price	(C, T, 1)	-2.253 2	0.448 0	否
D lncirus_price	(N, N, 0)	-4.715 7	0.000 0	是
lnurbanization	(C, T, 4)	-2.568 7	0.295 9	否
D lnurbanization	(C, N, 3)	-2.350 0	0.162 8	否
DD lnurbanization	(N, N, 2)	-57.546 2	0.000 0	是
lnincome	(C, T, 4)	-2.818 7	0.200 5	否
D lnincome	(C, N, 3)	-1.964 3	0.300 5	否
DD lnincome	(N, N, 2)	-28.740 0	0.000 0	是
lngdp	(C, T, 4)	-2.884 1	0.179 5	否
Dlngdp	(C, N, 3)	-2.258 2	0.190 6	否
DDlngdp	(N, N, 2)	-32.194 4	0.000 0	是
lncpi	(C, N, 0)	-3.757 1	0.030 0	是
lnapple_price	(C, T, 1)	-5.084 4	0.001 0	是
lnbanana_price	(C, T, 2)	-1.586 7	0.779 1	否
Dlnbanana_price	(N, N, 1)	-8.588 8	0.000 0	是
lnpopulation	(C, N, 4)	-1.640 6	0.451 8	否
Dlnpopulation	(N, N, 3)	-2.493 905	0.014 2	是

注：D表示序列的一阶差分；C表示截距项；T表示趋势项；k表示滞后期；P值若小于0.05，则拒绝原假设

由表6-1可知，lncpi和lnapple_price原始序列是平稳的，而lncirus_price、lnbanana_price和lnpopulation是一阶单整的，lnurbanization、lnincome及lngdp是二阶单整的。根据张晓峒对VAR模型的分析，要想建立VAR模型，必须满足所有的序列都是平稳的。因此，取平稳序列Dlncirus_price、lncpi、lnapple_price、Dlnbanana_price、Dlnpopulation、DDlnurbanization、DDlnincome及DDlngdp来进行建模。这些平稳序列产生的详细过程如表6-2所示。

表6-2 平稳序列的产生过程

Table 6-2 Generating Process of Stationary Series

序列名称	序列的产生过程
Dlncirus_price	柑橘价格（cirus_price）序列取对数再进行一阶差分得到的新序列
lncpi	居民消费价格指数（CPI）序列取对数后得到的新序列
lnapple_price	苹果价格（apple_price）序列取对数后得到的新序列

续表

序列名称	序列的产生过程
Dlnbanana_price	香蕉价格（banana_price）序列取对数再进行一阶差分得到的序列
Dlnpopulation	人口总数（population）序列取对数再进行一阶差分得到的序列
DDlnurbanization	城市化水平（urbanization）序列取对数再进行二阶差分得到的序列
DDlnincome	居民可支配收入（income）取对数再进行二阶差分得到的序列
DDlngdp	国内生产总值（gdp）取对数再进行二阶差分得到的序列

注：此表经作者整理计算得到

6.4.2 VAR模型滞后期确定

建立VAR模型首先应该确定滞后期。若滞后期太小，误差项的自相关严重，容易导致参数的非一致性估计。若适当加大滞后期，可以消除自相关，但又会导致自由度的减少。一般来说有几种确定滞后期的方法：一是根据LR（似然比）统计量来决定；二是根据赤池信息准则（AIC）选择滞后期；三是根据施瓦茨准则（SC）选择滞后期。目前，最常用的是AIC和SC准则。

AIC标准的计算方法为

$$AIC = \ln \frac{SSR_k}{T} + \frac{2k}{T}$$

Schwarz的SC准则，定义如下：

$$SC = \ln \frac{SSR_k}{T} + \frac{k(\ln T)}{T}$$

式中，k为变量滞后期；T为样本数；SSR_k为残差平方和。最佳滞后期根据AIC和SC准则的值进行确定。

由表6-3可知，当滞后期为2时，AIC和SC的数值最小，分别为-45.806 51和-39.995 88。因此，这里的VAR模型的最佳滞后期为2。其中，Lag指滞后阶数；LR指似然比值；FPE是最终的预测误差值。

表6-3 VAR最佳滞后阶数检验结果
Table 6-3 The Result of The Best Lag Length Test in VAR Model

Lag	LogL	LR	FPE	AIC	SC	HQ
0	621.970 6	NA	2.12E-25	-34.109 48	-33.757 58	-33.986 66
1	848.932 5	340.442 9	2.71e-29	-43.162 92	-39.824 32	-42.057 54
2	960.517 1	117.783 8*	3.38e-30*	-45.806 51*	-39.995 88*	-43.718 57*

注：此表经作者整理计算得到

6.4.3 VAR 模型的建立

根据前述的理论模型，将检验过的平稳序列代入到模型中，利用最小二乘法估计模型中的参数，拟合出 VAR 模型的系数矩阵。

其中，D(lncirus_price) 的方程为

Dlncirus_price(t) = −0.19 Dlncirus_price(t−1) +0.072 611 Dlncirus_price(t−2) +0.376 560 lnapple_price(t−1) −0.25 lnapple_price(t−2) − 0.03 Dlnbanana_price(t−1) −0.01 Dlnbanana_price(t−2) −1.85 lncpi(t−1) +1.522 179 lncpi(t−2) −0.64 DDlngdp(t−1) −0.61 DDlngdp(t−2) + 1.473 839 DDlnincome(t−1) +0.961 627 DDlnincome(t−2) +1.175 808 Dlnpopulation(t−1) −13.31 Dlnpopulation(t−2) −0.45 DDlnurbanization(t−1) +2.909 815 DDlnurbanization(t−2) +1.430 883

由拟合方程可知，当期的柑橘价格与前两期的柑橘价格、苹果价格、香蕉价格、CPI、GDP、城镇居民可支配收入、人口总量、城市化水平有着一定的联系。其中，Dlncirus_price(t−1) 表示柑橘价格取对数后一阶差分序列的一阶延迟，DDlnincome(t−2) 表示城镇居民人均可支配收入取对数后序列的二阶差分序列的两期延迟。此外，VAR 模型单方程检验结果都比较显著，R 的平方都达到了 0.9 以上。表 6-4 为 VAR 模型整体检验结果，从模型的整体结果可以看出，模型的 AIC 和 SC 值都很低，拟合的效果不错。

表 6-4 VAR 模型的整体检验结果
Table 6-4 The Test Result of Whole VAR Model

统计量	取值
残差的方差值（dof adj.）	1.53E−31
残差的方差值	9.23E−34
对数似然函数值	960.517 1
AIC 值	−45.806 51
SC 值	−39.824 32

注：此表经作者整理计算得到

6.4.4 VAR 模型的稳定性检验

VAR 模型的稳定性，决定了模型是否有效。在检验模型的稳定性时，一

一般检验模型特征方程根的倒数值，如果都落在单位圆之内，则说明所构建的VAR模型是稳定的，否则是不稳定的。AR根表和AR根图分别以表和图的形式给出了VAR模型特征方程根的倒数值。本章所构建的VAR模型的AR根表（表6-5）和AR根图（图6-7）如下所示。

表6-5 VAR模型的稳定性检验
Table 6-5 Stability Condition Check of VAR

Root（特征根）	Modulus（模）	Root（特征根）	Modulus（模）
0.989 348	0.989 348	−0.517 178−0.546 880i	0.752 695
−0.004 693−0.982 431i	0.982 442	−0.517 178+0.546 880i	0.752 695
−0.004 693+0.982 431i	0.982 442	−0.582 547	0.582 547
−0.963 298	0.963 298	−0.446 241−0.370 046i	0.579 711
0.588 565−0.530 651i	0.792 464	−0.446 241+0.370 046i	0.579 711
0.588 565+0.530 651i	0.792 464	−0.016 127−0.513 125i	0.513 378
−0.070 785−0.767 415i	0.770 672	−0.016 127+0.513 125i	0.513 378
−0.070 785+0.767 415i	0.770 672	0.269 452	0.269 452

注：此表经作者整理计算得到

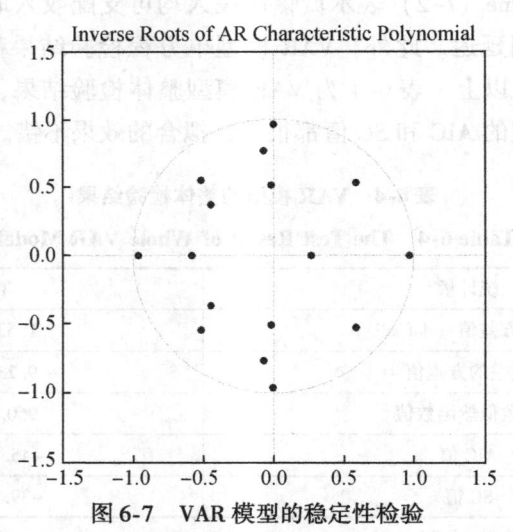

图6-7 VAR模型的稳定性检验
Fig. 6-7 Stability Condition Check of VAR

由图6-7可知，VAR模型中所有根的模全部小于1，且全部根的倒数值都在单位圆之内。故认为本研究建立的柑橘消费者价格及其影响因素的VAR模型是稳定的，基于该VAR模型上的各种检验是有效的。

6.4.5 Granger 因果检验

变量之间因果关系的实证检验，通常采用由 Grange (1969) 提出 Sims (1972) 推广的因果检验法。Grange 因果检验是基于这样的思想：如果一个事件 Y 是另一个事件 X 的原因，则事件 Y 应领先于事件 X。因此，我们看现在的 Y 能够在多大程度上被过去的 X 解释，加入 X 的滞后值是否使解释程度提高。如果 X 在 Y 的预测中有帮助，或者 X 与 Y 的相关关系在统计上显著时，就可以说 Y 是由 X 的 Grange 引起的。

Grange 检验假设有一个变量 Y 和 X 的预测信息包含在它们的时间序列中，因此，对于稳定变量 X 和 Y，Grange 检验采用如下变量自回归方程，即

$$Y_t = \alpha_t + \sum_{j=1}^{n} \beta_j X_{t-j} + \sum_{k=1}^{m} \gamma_k Y_{t-k} + \varepsilon_t$$

$$X_t = \alpha'_t + \sum_{j=1}^{n} \beta'_j X_{t-j} + \sum_{k=1}^{m} \gamma'_k Y_{t-k} + \varepsilon'_t$$

表 6-6 为 Granger 因果检验的结果。若 P 值小于 0.05，说明 χ^2 统计量的值落在了拒绝域中，因此将拒绝原假设，接受备择假设；反之，当 P 值大于 0.05 时，χ^2 统计量的值落在了接受域中，将接受原假设，拒绝备择假设。

表 6-6 Granger 因果检验的结果
Table 6-6 The results of Granger causality test

原假设	χ^2 统计量	P 值	Yes or No
DDlnurbanization 不能 Granger 引起 Dlncirus_price	3.686 15	0.022 7	拒绝原假设
DDlnincome 不能 Granger 引起 Dlncirus_price	3.328 44	0.032 7	拒绝原假设
DDlngdp 不能 Granger 引起 Dlncirus_price	2.709 86	0.042 7	拒绝原假设
Lncpi 不能 Granger 引起 Dlncirus_price	1.208 65	0.323 5	接受原假设
Dlnbanana_price 不能 Granger 引起 Dlncirus_price	2.005 78	0.134 3	接受原假设
lnapple_price 不能 Granger 引起 Dlncirus_price	3.077 50	0.042 5	拒绝原假设
Dlnpopulation 不能 Granger 引起 Dlncirus_price	3.348 16	0.032 0	拒绝原假设
Dlncirus_price 不能 Granger 引起 DDlnurbanization	2.786 61	0.057 7	接受原假设
Dlncirus_price 不能 Granger 引起 DDlnincome	1.415 54	0.257 6	接受原假设
Dlncirus_price 不能 Granger 引起 DDlngdp	2.497 16	0.078 7	接受原假设
Dlncirus_price 不能 Granger 引起 lncpi	2.685 00	0.044 3	拒绝原假设

续表

原假设	χ^2 统计量	P 值	Yes or No
Dlncirus_price 不能 Granger 引起 Dlnbanana_price	0.606 13	0.616 2	接受原假设
Dlncirus_price 不能 Granger 引起 lnapple_price	0.743 90	0.043 4	拒绝原假设
Dlncirus_price 不能 Granger 引起 Dlnpopulation	2.882 40	0.052 2	接受原假设

注：此表经作者整理计算得到

通过对因果检验结果的分析，可以看出，DDlnurbanization 能够 Granger 引起 Dlncirus_price，即城市化率指标的平稳序列能够 Granger 引起柑橘价格的平稳变换。DDlnincome 能够 Granger 引起 Dlncirus_price，即城镇居民人均可支配收入的提高会影响柑橘消费者价格的变化。此外，DDlngdp 能够 Granger 引起 Dlncirus_price，说明 GDP 的平稳序列能够引起柑橘消费者价格的变化。lnapple_price 能够 Granger 引起 Dlncirus_price，印证了苹果的价格对柑橘价格有一定的影响。然而，实证结果也显示，CPI 的平稳序列不能 Granger 引起柑橘价格平稳序列。此外，Dlnbanana_price 不能 Granger 引起 Dlncirus_price，说明在现实生活中，柑橘的替代品中仅苹果的价格会影响柑橘价格，香蕉的价格对柑橘的价格影响不大。

除此以外，因果检验结果还显示柑橘价格的平稳序列不能够 Granger 引起城市化率、城镇居民人均可支配收入、GDP、香蕉价格及总人口的平稳序列，实证结论与现实情况也基本相符。另外，拒绝原假设的有两个，即 Dlncirus_price 不能 Granger 引起 lncpi，Dlncirus_price 不能 Granger 引起 lnapple_price。拒绝原假设接受备择假设，说明柑橘价格的平稳序列能够 Granger 引起 CPI 及苹果价格序列的变动。

6.4.6 脉冲响应分析

脉冲响应分析能够直接观察变量间的互动关系。Sims 建议可经由 Wald 分解定量转换成移动平均的表示方式，转换过程如下所示：

$$Y_t = \alpha + \sum_{i=1}^{p} \beta_i Y_{t-i} + \varepsilon_t \tag{6-1}$$

对式（6-1）进行位移得到式（6-2）：

$$Y_t - \sum_{i=1}^{p} \beta_i Y_{t-i} = \alpha + \varepsilon_t \tag{6-2}$$

将式（6-2）中的求和公式展开，得到式（6-3）：

$$(1 - \beta_1 L - \beta_2 L^2 - \cdots - \beta_m L^p) Y_t = \alpha + \varepsilon_t \tag{6-3}$$

对式（6-3）进行整理得到最终的式（6-4）：

$$Y_t = \alpha + \sum_{i=0}^{\infty} A_i \varepsilon_{t-i} \tag{6-4}$$

由式（6-4）可以看出，每个变量都可以表示成模型内变量当期和滞后期随机冲击项的线性组合，虽然这些随机冲击项没有序列相关的特性，却可能有当期相关的特性，因此用正交化来去除当期相关。选择一个下三角矩阵，对式（6-4）进行变换得到式（6-5）：

$$Y_t = \alpha + \sum_{i=0}^{\infty} A_i C C^{-1} \varepsilon_{t-i} \tag{6-5}$$

令 $D_i = A_i C$，$U_{t-i} = C^{-1} \varepsilon_{t-i}$，则有式（6-6）：

$$Y_t = \alpha + \sum_{i=0}^{\infty} D_i U_{t-i} \tag{6-6}$$

由式（6-6）可以看出，每个变量都可以表示成当期和滞后期随机冲击项的线性组合即脉冲响应函数（IRF）。脉冲响应函数用于衡量来自随机扰动项的一个标准差冲击对内生变量当期和未来取值的影响，能够比较直观地刻画出变量之间的动态交互作用及其效应。该模型对柑橘消费者价格作脉冲响应函数分析。依据上述分析所作的脉冲图如图 6-8 所示。

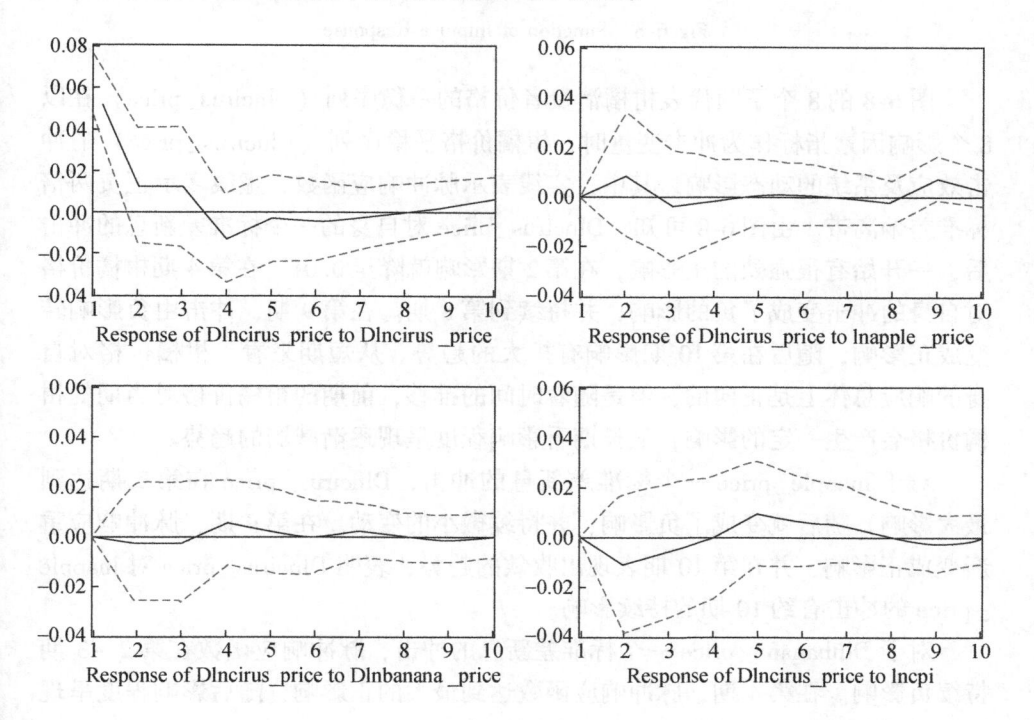

Response of Dlncirus_price to Dlncirus_price

Response of Dlncirus_price to lnapple_price

Response of Dlncirus_price to Dlnbanana_price

Response of Dlncirus_price to lncpi

图 6-8　脉冲响应函数

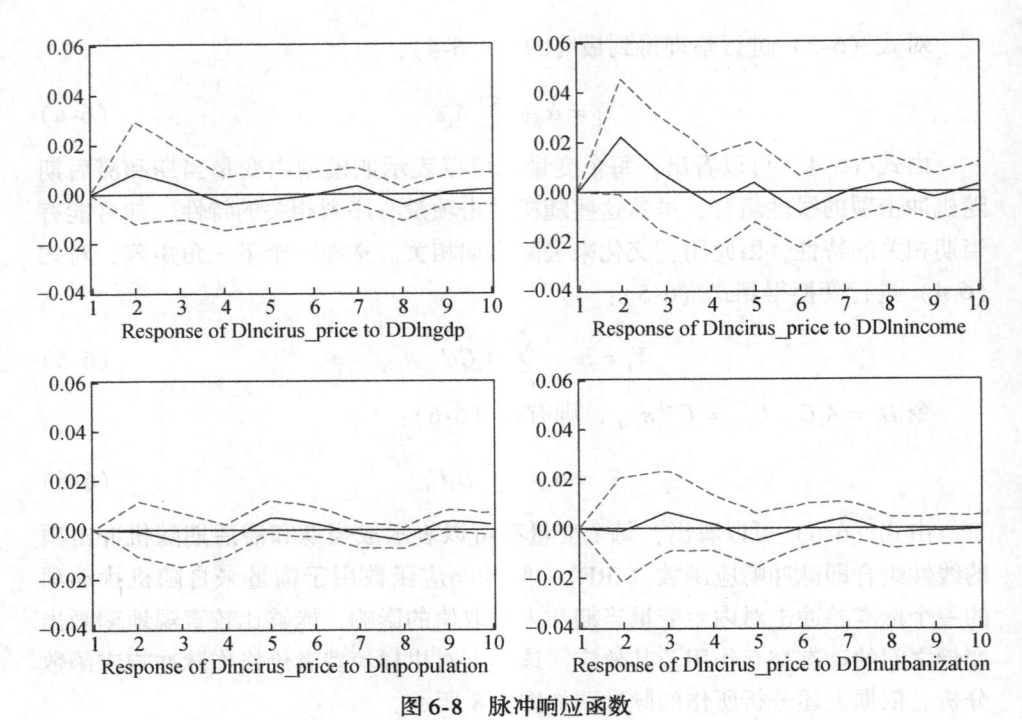

Fig. 6-8　Function of Impulse Response

图 6-8 的 8 个子图代表柑橘消费者价格的平稳序列（Dlncirus_price）在以 8 个影响因素指标作为冲击变量时，柑橘价格平稳序列（Dlncirus_price）的冲击效应及系统的动态影响。其中，实线表示脉冲响应函数，虚线表示正负两倍标准差偏离带。由图 6-8 可知，Dlncirus_price 对自身的一个标准差新息的冲击后，一开始有很强烈的正影响，在第 2 期影响就降至 0.01，在第 4 期柑橘价格对自身的冲击变成了负的影响，并持续到第 8 期。在第 9 期，冲击由负影响转变成正影响，随后在第 10 期影响有扩大的趋势。从短期来看，柑橘价格对自身的响应总体上是正向的，但是随着时间的推移，前期的柑橘价格对当期的柑橘价格会产生一定的影响，从长期看影响程度呈现逐渐减弱的趋势。

对于 lnapple_price 一个标准差新息的冲击，Dlncirus_price 在第二期达到最大影响。随后就变成了负影响，并持续微小的变动。在第 9 期，脉冲响应重新变成正影响，并在第 10 期表现出收敛的趋势，表明 Dlncirus_price 对 lnapple_price 的冲击有约 10 期的持续影响。

对于 Dlnbanana_price 一个标准差新息的冲击，脉冲响应函数在第 2~3 期持续负影响。在第 4 期，脉冲响应函数达到最大的正影响，随后影响程度呈现逐渐减弱的趋势，影响收敛为 0。从图上看，Dlncirus_price 对 Dlnbanana_price

的冲击大概有持续 5 期影响。

对于 lncpi 一个标准差新息的冲击，脉冲响应函数一开始是负的影响，随后变成正影响，并最终趋于 0。在第 3 期达到负影响，达到极值点。在第 6 期，脉冲响应函数达到最大的正影响，随后影响程度呈现逐渐减弱的趋势，影响收敛为 0。观察图 6-8 可看出，Dlncirus_price 对 lncpi 有大概持续 10 期的较大振幅的影响。

对于 DDlngdp 一个标准差新息的冲击，脉冲响应函数正负影响交替，但是振幅越来小。最大的正影响出现在第 2 期，最大的负影响出现在第 4 期。从长期来看，脉冲影响函数的影响程度呈现逐渐减弱的趋势，持续时间长但是影响并不大。

对于 DDlnincome 一个标准差新息的冲击，短期内，脉冲响应函数也是正负影响交替，然而，DDlnincome 影响的振幅较大。从长期来看，脉冲影响函数的影响越来越小。因此可以看出，DDlnincome 对 Dlncirus_price 有较大的冲击作用。

对于 Dlnpopulation 及一个标准差新息的冲击，脉冲响应函数在前两期影响不大，后面正负影响交替，但是震动幅度很小。可见，Dlnpopulation 对 Dlncirus_price 有一定的影响，但是相对其他变量而言，影响程度相对较小。

对于 DDlnurbanization 一个标准差的冲击，脉冲响应函数在前两期的反应也不大，从第三期开始，出现正影响。在后面的时期内，正负影响交替，并逐渐趋于平稳，最终达到收敛状态。

由图 6-9 脉冲响应函数的组合图可以看出，在各影响因素的平稳序列对柑橘价格的冲击下，DDlnincome（城镇居民人均可支配收入的平稳序列）对 Dlncirus_price（柑橘消费者价格的平稳序列）影响最大，其次是 lncpi 对 Dlncirus_price 的冲击较大，影响程度位居第三位的是 lnapple_price（苹果价格的平稳序列）。影响程度相对较小的是 DDlnurbanization（城市化进程的平稳序列）和 Dlnbanana_price（香蕉的平稳序列）。

6.4.7 方差分解

方差分解主要是把系统中每一个内生变量的波动，按照其成因分解为与各方差变量冲击相关联的组成部分，从而了解各变量冲击对模型内生变量的重要性。本节主要对柑橘消费者价格进行方差分解，研究柑橘价格影响因素与消费者价格之间的关系。运用 EVIEWS 软件对柑橘消费者价格进行方差分解，得到结果如表 6-7 所示。

Response of D(lncirus_price) to Cholesky
One S.D. Innovations

图 6-9 脉冲响应影响因素综合图

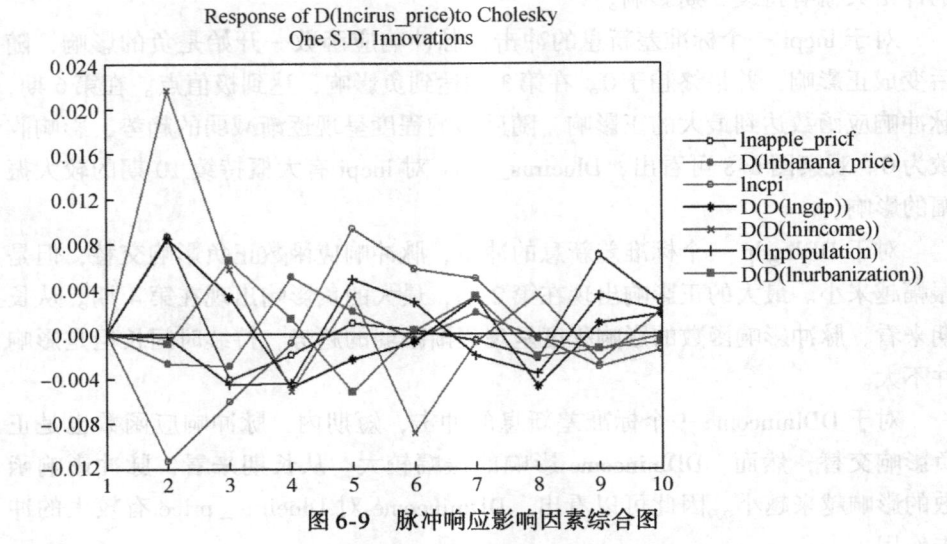

Fig. 6-9 Combined Graphs of Impulse Response

表 6-7 柑橘价格的方差分解

Table 6-7 Variance Decomposition of lncirus_price

时期	S. E.	Dlncirus_price	lnapple_price	Dlnbana_na_price	lncpi	DDln gdp	DDln income	Dlnpop ulation	DDlnurb Anization
1	0.061	100.000	0.000	0.000	0.000	0.000	0.000	0.000	0.000
2	0.068	83.874	1.592	0.150	2.781	1.538	10.046	0.002	0.017
3	0.071	81.463	1.837	0.304	3.359	1.659	10.086	0.424	0.868
4	0.073	80.533	1.808	0.778	3.190	2.007	10.055	0.776	0.853
5	0.074	78.212	1.767	0.825	4.698	2.040	9.951	1.175	1.331
6	0.075	76.600	1.723	0.809	5.165	1.998	11.122	1.285	1.298
7	0.075	75.935	1.709	0.860	5.526	2.153	11.000	1.340	1.476
8	0.075	75.190	1.779	0.855	5.472	2.523	11.096	1.550	1.535
9	0.076	74.183	2.589	0.873	5.548	2.500	11.040	1.722	1.545
10	0.076	74.031	2.698	0.866	5.537	2.530	11.015	1.781	1.542

注：此表经作者整理计算得到

从方差分解的结果看，与脉冲影响函数的分析结果一致。柑橘价格的波动除受自身的影响外，随着时间的推移，还受到苹果价格、香蕉价格、CPI、GDP、城镇居民人均可支配收入、总人口及城市化水平等因素的影响。柑橘消费者价格平稳序列的预测误差来自自身新息的影响非常大，第一期几乎占了

100%，随后线性递减，到第10期也有74%，说明柑橘价格自身的变化对后期的影响较大。此外，随着时间的推移，苹果价格、香蕉价格、CPI、GDP、城镇居民人均可支配收入、总人口及城市化水平等因素对柑橘价格波动的贡献逐年增加。其中，城镇居民人均可支配收入对柑橘价格的影响最大，贡献率达到了11.02%。此外，CPI的贡献率达到了5.537%，苹果价格的贡献率为2.698%，GDP的贡献率为2.530%。城镇居民可支配收入、总人口及香蕉价格对柑橘的价格有一定的影响，但是影响相对较小。其中香蕉价格的影响最小，其方差贡献率仅仅为0.866%。

6.5 本章小结

本章主要从需求角度分析了柑橘消费者价格及其影响因素之间的关系。本章一开始就对需求视角进行了分析，随后对影响柑橘消费者价格的因素进行了一一阐述，它们是城市化进程、消费者收入水平、宏观经济发展水平、物价水平、替代品价格、人口数量及突出事件等。紧接着，采用VAR模型对这些因素及柑橘消费者价格之间的关系进行了探讨。

结果显示：①在研究柑橘消费者价格及主要影响因素关系时所构建的VAR模型是稳定的，基于该VAR模型上的各种检验是有效的。②VAR模型的Grange因果检验、脉冲响应和方差分解，结果显示柑橘消费者价格的波动除受自身的影响外，还受到苹果价格、香蕉价格、CPI、GDP、城镇居民人均可支配收入、总人口及城市化水平等因素的影响。③在各影响因素的平稳序列对柑橘价格的冲击下，城镇居民人均可支配收入、CPI及苹果的价格对柑橘消费者价格的影响较大，而城市化进程、香蕉的价格对柑橘消费者价格的影响较小。

第7章
中国柑橘鲜果价格形成：
一个理论模型

本章将在柑橘生产者价格与消费者价格之间架起一座桥梁，通过构建一个理论模型，从而详细研究柑橘价格的形成过程，并对价格在生产者价格及消费者价格之间的传导进行深入探讨。

7.1 理论模型的说明

如前所述，根据柑橘的流通过程来划分，可以将柑橘市场划分为生产者市场、中间商市场及消费者市场。柑橘生产者市场是由那些购买生产资料，用来生产柑橘的个人或组织构成。在我国，柑橘的生产者是千千万万个分散且规模很小的农户，可以说生产者市场是柑橘流通的起点。现实中，柑橘的生产者不是直接将柑橘鲜果出售给消费者的，而是通常将成熟的柑橘鲜果出售给中间商。中间商市场的主体很多，有可能是农村经纪人、外地贩卖商、经销商、批发商，也有可能是加工企业等。他们的共同特征是本身并不生产柑橘，但是参与柑橘的销售活动，一般从生产者那里购入柑橘，以进一步转卖或加工生产为目的。事实上，中间商对柑橘的需求是派生的，是受消费者市场影响的。由于中间商的购买是为了转卖，它对柑橘的需求也可以反映消费者对柑橘的需求。

根据分析可知，在柑橘生产者市场上交易的是生产者和中间商（农村经纪人、外地贩卖商、经销商、批发商、加工企业等），他们的交易形成了生产者价格。在柑橘消费者市场上交易的主体是消费者及中间商，他们的交易则形成了柑橘的消费者价格。本章将构建一个柑橘鲜果价格形成的理论模型，从而在理论上架起柑橘生产者价格与消费者价格之间的桥梁。由于在理论构建时，仅考虑了各市场上的主要影响因素，因此本章的理论模型将是一个简化的模型。

目前，国内外还没有学者系统地研究我国柑橘鲜果的价格形成规律。本章试图在 Gardner（1975）、Fisher（1982）、Wohlgenant（1989）、Holloway（1991）、辛贤（1998）及张正等（2006）等学者的研究基础上，综合考虑柑橘生产者市场、中间商市场和消费者市场的均衡，建立柑橘价格形成的理论计量模型。该模型将柑橘生产者市场、中间商市场和消费者市场看成一个价格形成系统。可以认为，系统内的内生变量之间相互影响，而系统外的外生变量变动会影响内生变量的变动。

柑橘价格形成理论模型的构建，可以帮助我们了解柑橘市场价格形成的过程，在理论上找出哪些因素影响主导柑橘市场价格的变化，变化程度如何及柑橘价格由生产者市场到消费者市场如何双向传导等问题。

7.2 模型的基本假设

假设1：柑橘市场是一个完全竞争市场，是一种不受任何阻碍和干扰的市场。市场上有许多买者和卖者，他们都只是价格的接受者，竞争地位平等。资源可自由流动，产品同质，买卖双方拥有完全的信息。

事实上，完全竞争市场条件是非常苛刻的。任何一个市场想要达到完全竞争市场的标准，难度都是非常大的。然而，业内人士已达成共识，即柑橘市场是比较接近完全竞争市场的。目前来说，随着柑橘市场的逐渐开放，没有任何个人或者团体能够左右柑橘的市场价格。柑橘的价格已经被认为是市场竞争下形成的市场价格。

假设2：本章中柑橘生产者、中间商及消费者都是经济学上的理性人，追求利益最大化。其中，生产者和中间商追求利润最大化，而消费者追求效用最大化。

假设3：本章构建的柑橘价格形成模型中的内生变量之间相互影响，但是外生变量相互独立。外生变量的变动，会影响系统中内生变量的相应变动。

假设4：本章的理论模型暂将进出口贸易看成是价格系统的外生变量，随着模型的深入，可以尝试将进出口贸易当成内生变量加入模型中，进行更深入的分析。

假设5：本章的价格形成模型中没有考虑天气及自然灾害对柑橘产量及价格的影响。由于农业生产受天气条件的影响很大，旱灾及冻害等自然灾害在局部地区的不良影响有时是致命的。但这些因素具有较大的偶然性，因此本模型中暂不考虑天气及自然灾害的影响，这些可能会影响模型的精确度。

假设6：本章提出的柑橘价格形成模型没有考虑制度变迁及政策变化。因此，因制度变迁及政策的作用引起的柑橘价格变化，在本模型中没有反映出来。

7.3 柑橘鲜果价格形成理论模型构建

本章在 Gardner（1975）、Fisher（1982）、Wohlgenant（1989）、Holloway（1991）、辛贤（1998）及张正等（2006）等学者的研究基础上，综合考虑柑橘生产者市场、中间商市场和消费者市场的均衡，将之前学者讨论的简化形式具体化、函数化，建立在完全竞争市场下，柑橘价格形成的一般理论分析框架。

在市场经济条件下，柑橘的生产者价格和消费者价格由各自的供给与需求的均衡决定，而这两个均衡又通过中间商市场（流通环节）联系起来。根据 Gardner（1975）的研究，不论是柑橘生产、流通或消费的哪个环节发生变化，都会刺激市场产生新的均衡。因此，影响到柑橘生产、流通及消费的因素均可能影响柑橘价格的形成。

柑橘的流通过程是指从柑橘种植户出售柑橘直到消费者购买柑橘之间的整个过程，包括柑橘的收购、运输、加工、批发等几个环节。在我国，中间商市场是非常复杂的，市场上的主体很多，大到龙头企业、加工企业，小到经纪人、批发商，他们主要完成了柑橘的集中收购及粗加工。其中，柑橘的加工主要包括对其进行清洗、打蜡、包装和冷藏等。加工后的柑橘鲜果将销售到批发市场的一级批发商、超市，或者经由一级批发商再进行二次批发，最终才到达消费者手中。因为中间商市场比较复杂，因此本章将参与中间商市场的所有企业或个人视为一个整体，取名为中间商企业。

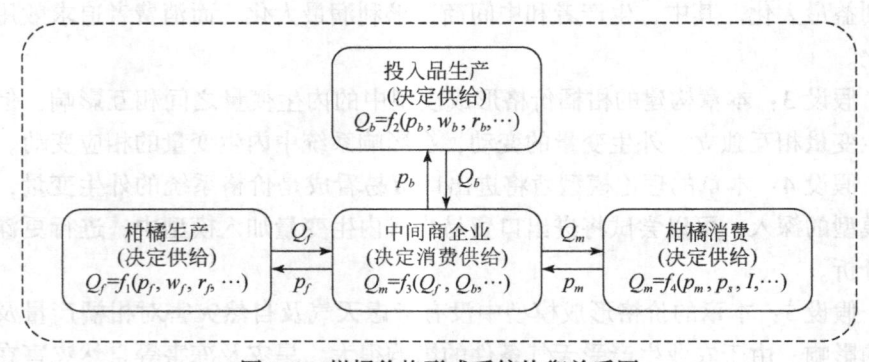

投入品生产
（决定供给）
$Q_b = f_2(p_b, w_b, r_b, \cdots)$

p_b Q_b

柑橘生产 —Q_f→ 中间商企业 —Q_m→ 柑橘消费
（决定供给） ←p_f— （决定消费供给） ←p_m— （决定供给）
$Q_f = f_1(p_f, w_f, r_f, \cdots)$ $Q_m = f_3(Q_f, Q_b, \cdots)$ $Q_m = f_4(p_m, p_s, I, \cdots)$

图 7-1　柑橘价格形成系统均衡关系图
Fig. 7-1　Equilibrium Diagram of Citrus Price Formation

由图 7-1 可知，柑橘的生产者市场、中间商市场及消费者市场共同构成了柑橘价格形成系统。而柑橘生产者市场、中间商市场及消费者市场存在着内在联系，从而能够决定柑橘的价格。

在我国，柑橘的生产是由众多分散的种植户完成。为了简化分析，本章把柑橘的生产看成是一个整体。柑橘的生产决定了市场上柑橘的供给量。而柑橘的供给量受到生产者市场上各因素（如生产者价格、生产资料价格等）的影响。

本章将中间商市场上的所有企业和个人视为一个整体，称为中间商企业。而中间商企业从生产者那里购得柑橘鲜果，并需要一定的投入如购买相关设备、仓库储存，对柑橘进行清洗、打蜡、包装等都需要投入一定的成本，那些和柑橘加工相关的投入品的生产决定了投入品的供给量，而投入品的供给量主要受投入品的价格及生产投入品原材料的价格所决定。故对中间商企业来说，从种植户那里购得的柑橘和投入品是其进行生产的主要投入，而中间商企业的生产产量决定了消费市场上柑橘的供给量。当然，柑橘作为一种易腐易烂的鲜活农产品，在生产及流通过程中的损耗也是非常大的。

在消费者市场上，消费者在可支配收入内，倾向于选择效用最大化的商品消费方式。因此，在消费者效用最大化的前提下，影响柑橘消费者价格的因素（如替代品的价格、消费者消费支出等）都将决定消费者对柑橘的最终需求量。

另外，从图7-1中还可以看出，柑橘价格形成系统中存在着均衡关系。柑橘的生产者价格是由其供给量和中间商企业的需求量共同决定的。而中间商企业对柑橘的需求量取决于消费市场上消费者对柑橘需求的多少，因此，这种需求是一种派生需求。当这种派生需求与柑橘的供给达到均衡时，柑橘生产者价格就产生了。另外，流通过程中投入品的价格由投入品的供给量与中间商企业的需求量共同决定。而在消费者市场上，消费者对柑橘的最终需求与中间商企业的供给量决定了市场上柑橘的消费者价格。

为了建模方便，对柑橘价格形成系统中的变量命名如下：柑橘产量（Q_f）、投入品产量（Q_b）、柑橘消费市场需求量（Q_m）、柑橘生产者价格（P_f）、投入品价格（P_b）、柑橘消费者价格（P_m）、柑橘生产中劳动力的价格（w_f）、资本的价格（r_f）、投入品劳动力的价格（w_b）、投入品资本的价格（r_b）、消费市场上替代品的价格（P_s）和居民消费支出（I）。其中，前六个变量被称为是柑橘价格形成系统的内生变量，内生变量之间是相互影响的。后六个变量基本上由系统外的因素决定，故称之为外生变量，外生变量虽不受价格系统的影响，但是其微小的变化都可能引起系统内生变量的变化。

接着，将对柑橘的生产者市场、中间商市场及消费者市场进行更详细的分析。

7.3.1 柑橘生产者市场

柑橘生产者市场的主要任务是生产柑橘、满足流通及消费领域的柑橘需求。柑橘的生产有自己的生产函数。生产函数是指在一定时期内，在技术水平不变的情况下，生产中投入的各种生产要素的数量与最大产量之间的关系。为了简化模型，本章在构建柑橘的生产函数时，选用经济领域最关注的两种生产要素：劳动（L）和资本（K）。此外，常见的生产函数有固定替代比例生产函数、固定投入比例生产函数（列昂剔夫生产函数）及柯布-道格拉斯生产函数。柯布-道格拉斯生产函数是由数学家柯布（C. W. Cobb）和经济学家道格拉斯（Paul H. Douglas）于20世纪30年代提出来的，被认为是一种很有用的生产函数，故本章选择柯布-道格拉斯生产函数来拟合柑橘的生产函数。

在选用柯布-道格拉斯生产函数时，假设所选择的劳动（L）和资本（K）两个生产要素都具有固定的生产弹性。事实上，各生产要素的弹性系数是变化的，但在短期内变化并不大，可以认为短期内不变。另外，生产要素之间可能互相影响，要素越细分，其相互间的关系就越复杂。为了简化，本章假定生产要素所起的作用是独立的。

根据以上分析与假设，柑橘的生产函数定义为

$$Q_f = A_1 L^\alpha K^\beta \tag{7-1}$$

式中，Q_f是柑橘产量；L为劳动力投入；K为资本投入。α是劳动力产出的弹性系数；β是资本产出的弹性系数。

假设柑橘生产者是追求利润最大化的，其利润函数为

$$\pi = p_f Q_f - w_f L - r_f K \tag{7-2}$$

式中，w_f和r_f分别表示柑橘种植过程中劳动力投入与资本投入的价格，由于农户主要是根据对柑橘的预期价格来决定种植计划的，因此p_f为柑橘的收购价格，即柑橘生产者价格。假设农户是理性的，出售柑橘时遵循利润最大化原理，可以求出柑橘的最优供给函数。将式（7-1）代入式（7-2），得到

$$\pi = p_f(A_1 L^\alpha K^\beta) - w_f L - r_f K \tag{7-3}$$

对式（7-3）求偏导数得到

$$\frac{\partial \pi}{\partial L} = p_f A_1 K^\beta \alpha L^{\alpha-1} - w_f = 0 \tag{7-4}$$

$$\frac{\partial \pi}{\partial K} = p_f A_1 L^\alpha \beta K^{\beta-1} - r_f = 0 \tag{7-5}$$

由式 (7-4) 和式 (7-5) 得到

$$\frac{p_f A_1 K^\beta \alpha L^{\alpha-1}}{p_f A_1 L^\alpha \beta L^{\beta-1}} = \frac{\alpha K}{\beta L} = \frac{w_f}{r_f} \quad 即 \quad K = \frac{w_f \beta}{r_f \alpha} L \tag{7-6}$$

将式 (7-6) 代入式 (7-4) 中得到

$$L = \left(\frac{w_f}{p_f A_1 \alpha}\right)^{\frac{1}{\alpha+\beta-1}} \left(\frac{w_f \beta}{r_f \alpha}\right)^{\frac{\beta}{1-\alpha-\beta}} \tag{7-7}$$

将式 (7-7) 代入式 (7-6) 中，得到

$$K = \left(\frac{w_f}{p_f A_1 \alpha}\right)^{\frac{1}{\alpha+\beta-1}} \left(\frac{w_f \beta}{r_f \alpha}\right)^{\frac{\alpha-1}{\alpha+\beta-1}} \tag{7-8}$$

将式 (7-7) 和式 (7-8) 代入式 (7-1) 中，最终得到柑橘的生产函数如下：

$$Q_f = A_1 \left(\frac{w_f}{p_f A_1 \alpha}\right)^{\frac{\alpha+\beta}{\alpha+\beta-1}} \left(\frac{w_f \beta}{r_f \alpha}\right)^{\frac{-\beta}{\alpha+\beta-1}} \tag{7-9}$$

7.3.2 柑橘中间商市场

从柑橘种植户生产出柑橘到最终到达消费者手中，会经历很多环节，这些环节包括柑橘的收购、储存、加工、运输等，柑橘的价值在运动中逐渐转移，直到消费者购买，柑橘的价值才算最终得到实现。而在柑橘流通的环节中，会有很多中间商，他们的共同特征是自身并不生产柑橘，但是参与柑橘的买卖活动，一般从生产者那里购入柑橘，转卖或者进行加工后出售给最终消费者。中间商可能是经纪人、经销商、批发商，也可能是加工企业等。中间商对柑橘的需求是派生的，是受消费者市场影响的。

参照 Gardner（1975）的研究，将中间商市场上的所有企业和个人视为一个整体，称为中间商企业。在柑橘市场上，中间商企业起到了承上启下的作用，既连接了生产者市场，又连接了消费者市场。通常，中间商为了赚取更多的利润，在从种植户那里收购柑橘后，会进行一些简单处理，使其拥有更好的外观和色泽，从而更好地迎合消费者的口味。为此，中间商的投入主要表现在对柑橘进行清洗、加工、包装、储存、广告或购买保鲜设备等方面。因此，投入品可以理解成中间商企业为了从消费市场上得到更高的销售价格，而在从生产者手中购入柑橘后所进行的一系列投入。投入品作为中间商企业的投入之一，其供给也由劳动（L）和资本（K）两种投入要素决定。投入品的生产函数定义如下：

$$Q_b = A_4 L^{a_5} K^{a_6} \tag{7-10}$$

投入品的利润函数为

$$\pi = p_b Q_b - w_b L - r_b K \quad (7\text{-}11)$$

根据利润最大化原理，可以推算出：

$$L = \left(\frac{w_b}{p_b A_4 a_5}\right)^{\frac{1}{a_6+a_5-1}} \left(\frac{w_b a_6}{r_b a_5}\right)^{\frac{-a_6}{a_6+a_5-1}} \quad (7\text{-}12)$$

$$K = \left(\frac{w_b}{p_b A_4 a_5}\right)^{\frac{1}{a_6+a_5-1}} \left(\frac{w_b a_6}{r_b a_5}\right)^{\frac{a_5-1}{a_6+a_5-1}} \quad (7\text{-}13)$$

将式（7-12）和式（7-13）代入式（7-10）得到投入品的供给函数为

$$Q_b = A_4 \left(\frac{w_b}{p_b A_4 a_5}\right)^{\frac{a_5+a_6}{a_6+a_5-1}} \left(\frac{w_b a_6}{r_b a_5}\right)^{\frac{-a_6}{a_6+a_5-1}} \quad (7\text{-}14)$$

此外，中间商企业也是追求利润最大化的。从生产者那里收购的柑橘和相关的投入品都是中间商企业生产投入的一部分。柑橘生产者价格的变化也会影响中间商企业的生产成本，从而决定中间商企业对柑橘的需求量，如前所述这种需求是消费者对柑橘需求的派生需求。在此，将柑橘产量（Q_f）和投入品产量（Q_b）看成是中间商企业的两种生产投入，满足消费者需求的产出量（Q_m）作为其产出。将中间商企业的生产函数也设定成 C-D 函数形式，即

$$Q_m = A_3 Q_f^{a_3} Q_b^{a_4} \quad (7\text{-}15)$$

假设中间商企业是追求利润最大化的，其利润函数如下：

$$\pi = p_m Q_m - p_f Q_f - p_b Q_b \quad (7\text{-}16)$$

式中，P_b 是投入品的价格，对利润函数求一阶微分得到：

$$\frac{\partial \pi}{\partial Q_f} = p_m A_3 Q_b^{a_4} a_3 Q_f^{a_3-1} - p_f = 0, \quad 即 \; p_f = p_m A_3 Q_b^{a_4} a_3 Q_f^{a_3-1} \quad (7\text{-}17)$$

$$\frac{\partial \pi}{\partial b} = p_m A_3 Q_f^{a_3} a_4 Q_b^{a_4-1} - p_b = 0, \quad 即 \; p_b = p_m A_3 Q_f^{a_3} a_4 Q_b^{a_4-1} \quad (7\text{-}18)$$

通过对式（7-17）和式（7-18）进行整理得到：

$$Q_f = \left(\frac{p_f}{p_m A_3 a_3}\right)^{\frac{1}{a_3+a_4-1}} \left(\frac{p_f a_4}{p_b a_3}\right)^{\frac{-a_4}{a_3+a_4-1}} \quad (7\text{-}19)$$

$$Q_b = \left(\frac{p_f}{p_m A_3 a_3}\right)^{\frac{1}{a_3+a_4-1}} \left(\frac{p_f a_4}{p_b a_3}\right)^{\frac{a_3-1}{a_3+a_4-1}} \quad (7\text{-}20)$$

将式（7-19）和式（7-20）代入式（7-15）中，得到

$$Q_m = A_3 \left(\frac{p_f}{p_m A_3 a_3}\right)^{\frac{a_3+a_4}{a_3+a_4-1}} \left(\frac{p_f a_4}{p_b a_3}\right)^{\frac{-a_4}{a_3+a_4-1}} \quad (7\text{-}21)$$

7.3.3 柑橘消费者市场

根据微观经济学原理，西方经济学家提出用效用理论来分析消费者行为，故本章用效用理论来研究柑橘的消费者行为。消费者均衡是研究单个消费者如何把有限的收入分配在商品的购买中并获得最大的效用。作为理性消费者，通常会选择最优的商品组合，使得自己花费在各种商品上的最后一元钱所带来的边际效用相等且等于货币的边际效用。

消费者效用函数有两种常用的形式，分别是 Cobb-Douglas 和 CES 效用函数形式。根据前人的研究，选择 CES 函数形式作为柑橘消费者的效用函数。假设柑橘消费者的效用函数形式为

$$U(Q_m, Q_s) = A_2 (a_1 Q_m^{\rho} + a_2 Q_s^{\rho})^{\frac{m}{\rho}} \tag{7-22}$$

另外，由于消费支出不能为负值，故消费者效用函数存在如下的约束条件：

$$I - p_m Q_m - p_s Q_s \geq 0 \tag{7-23}$$

式中，$U(Q_m, Q_s)$ 为消费者消费柑橘和其他商品的总效用；Q_m 为柑橘的消费量；Q_s 为其他商品的消费量；I 为消费支出；p_m 和 p_s 分别表示柑橘的消费者价格和其他商品价格。m 为规模报酬参数，当 $m=1$ 时，表示规模报酬不变；当 $m<1$ 时，表示规模报酬递增；当 $m>1$ 时表示规模报酬递减。$1/(1-\rho)$ 为要素替代弹性。另外，$0<a_1<1$，$0<a_2<1$，且 $a_1+a_2=1$，则效用函数的最大化条件为

$$L(Q_m, Q_s, \lambda) = A_2 (a_1 Q_m^{\rho} + a_2 Q_s^{\rho})^{\frac{m}{\rho}} + \lambda (I - p_m Q_m - p_s Q_s) \tag{7-24}$$

对式（7-24）求偏导得到

$$\frac{\partial L}{\partial Q_m} = A_2 \left(\frac{m}{\rho}\right) (a_1 Q_m^{\rho} + a_2 Q_s^{\rho})^{\frac{m-\rho}{\rho}} a_1 \rho Q_m^{\rho-1} - \lambda p_m = 0 \tag{7-25}$$

$$\frac{\partial L}{\partial Q_s} = A_2 \left(\frac{m}{\rho}\right) (a_1 Q_m^{\rho} + a_2 Q_s^{\rho})^{\frac{m-\rho}{\rho}} a_2 \rho Q_s^{\rho-1} - \lambda p_s = 0 \tag{7-26}$$

$$\frac{\partial L}{\partial \lambda} = I - p_m Q_m - p_s Q_s = 0 \tag{7-27}$$

由式（7-25）~式（7-27）整理得到

$$Q_m = \frac{I}{p_m + p_s \left(\frac{p_s a_1}{p_m a_2}\right)^{\frac{1}{\rho-1}}} = \frac{I (p_m a_2)^{\frac{1}{\rho-1}}}{p_m (p_m a_2)^{\frac{1}{\rho-1}} + p_s \left(\frac{p_s a_1}{p_m a_2}\right)^{\frac{1}{\rho-1}} (p_m a_2)^{\frac{1}{\rho-1}}}$$

$$= \frac{I (p_m a_2)^{\frac{1}{\rho-1}}}{p_m^{\frac{\rho}{\rho-1}} a_2^{\frac{1}{\rho-1}} + p_s^{\frac{\rho}{\rho-1}} a_1^{\frac{1}{\rho-1}}}$$

最终得到消费者市场上，消费者对柑橘的最优需求函数为

$$Q_m = \frac{I(p_m a_2)^{\frac{1}{\rho-1}}}{p_m^{\frac{\rho}{\rho-1}} a_2^{\frac{1}{\rho-1}} + p_s^{\frac{\rho}{\rho-1}} a_1^{\frac{1}{\rho-1}}} \tag{7-28}$$

7.3.4 柑橘生产者、中间商及消费者市场均衡模型构建

在此，将前面讨论的关于柑橘生产者市场、中间商市场、消费者市场的理论推导过程进行整理，得到柑橘价格形成系统的构成。该系统由6个联立方程组成，其中有6个内生变量和6个外生变量。系统中内生变量为柑橘产量（Q_f）、投入品产量（Q_b）、柑橘消费市场需求量（Q_m）、柑橘生产者价格（P_f）、投入品价格（P_b）、柑橘消费者价格（P_m），它们之间相互影响；外生变量为柑橘生产中劳动力的价格（w_f）、资本的价格（r_f）、投入品劳动力的价格（w_b）、投入品资本的价格（r_b）、消费市场上替代品的价格（P_s）、居民消费支出（I），它们之间相互独立。

① $Q_f = A_1 \left(\dfrac{w_f}{p_f A_1 \alpha}\right)^{\frac{\alpha+\beta}{\alpha+\beta-1}} \left(\dfrac{w_f \beta}{r_f \alpha}\right)^{\frac{-\beta}{\alpha+\beta-1}}$ ② $Q_b = A_4 \left(\dfrac{w_b}{p_b A_4 a_5}\right)^{\frac{a_5+a_6}{a_6+a_5-1}} \left(\dfrac{w_b a_6}{r_b a_5}\right)^{\frac{-a_6}{a_6+a_5-1}}$

③ $p_f = p_m A_3 Q_b{}^{a_4} a_3 Q_f{}^{a_3-1}$ ④ $p_b = p_m A_3 Q_f{}^{a_3} a_4 Q_b{}^{a_4-1}$

⑤ $Q_m = A_3 Q_f{}^{a_3} Q_b{}^{a_4}$ ⑥ $Q_m = \dfrac{I(p_m a_2)^{\frac{1}{\rho-1}}}{p_m^{\frac{\rho}{\rho-1}} a_2^{\frac{1}{\rho-1}} + p_s^{\frac{\rho}{\rho-1}} a_1^{\frac{1}{\rho-1}}}$

这六个方程组成了一个简化的柑橘初始均衡市场。价格形成系统在外生变量冲击下会发生一系列反应，并逐渐移动直到新的均衡状态。外生变量冲击下的均衡移动可以通过对上述六式求全微分来表示。对方程式求全微分，可以得出方程中某一个变量的微小变动对其他变量的影响程度。经过全微分变换的结果如下：

$$\mathrm{d}\ln Q_f = \frac{\alpha}{\alpha+\beta-1}\mathrm{d}\ln w_f - \frac{\alpha+\beta}{\alpha+\beta-1}\mathrm{d}\ln p_f + \frac{\beta}{\alpha+\beta-1}\mathrm{d}\ln r_f \tag{7-29}$$

$$\mathrm{d}\ln Q_m = \mathrm{d}\ln I + \frac{\rho}{\rho-1}\left[\frac{1}{\rho} - \frac{1}{1+\left(\dfrac{p_s}{p_m}\right)^{\frac{\rho}{\rho-1}}\left(\dfrac{a_1}{a_2}\right)^{\frac{1}{\rho-1}}}\right]\mathrm{d}\ln p_m$$

$$- \left(\frac{\rho}{\rho-1}\right)\frac{1}{\left(\dfrac{p_m}{p_s}\right)^{\frac{\rho}{\rho-1}}\left(\dfrac{a_2}{a_1}\right)^{\frac{1}{\rho-1}}+1}\mathrm{d}\ln p_s \tag{7-30}$$

$$\mathrm{d}\ln Q_b = \frac{a_5+a_6}{a_6+a_5-1}\mathrm{d}\ln p_b - \frac{a_5}{a_6+a_5-1}\mathrm{d}\ln w_b + \frac{a_6}{a_6+a_5-1}\mathrm{d}\ln r_b \tag{7-31}$$

$$\mathrm{dln}Q_m = a_3\mathrm{dln}Q_f + a_4\mathrm{dln}Q_b \tag{7-32}$$

$$\mathrm{dln}p_f = \mathrm{dln}p_m + a_4\mathrm{dln}Q_b + (a_3 - 1)\mathrm{dln}Q_f \tag{7-33}$$

$$\mathrm{dln}p_b = \mathrm{dln}p_m + a_3\mathrm{dln}Q_f + (a_4 - 1)\mathrm{dln}Q_b \tag{7-34}$$

从上述全微分方程表达式中可以得到一些常用弹性的表达式，如表7-1中所示。这些弹性表达式可以帮助我们求解联立方程中的参数，也可以考察政策模拟过程中初始值设定的合理性。

表7-1 模型中常用的弹性表达式

Table 7-1 Common Elasticity Expression in Model

符号	含义	表达式	符号	含义	表达式
η	自价格弹性	$\dfrac{\rho}{\rho-1}\left[\dfrac{1}{\rho} - \dfrac{1}{1 + \left(\dfrac{p_s}{p_m}\right)^{\frac{\rho}{\rho-1}}\left(\dfrac{a_1}{a_2}\right)^{\frac{1}{\rho-1}}}\right]$	e_{Q_f}	供给价格弹性	$-\dfrac{\alpha+\beta}{\alpha+\beta-1}$
η_{p_s}	对其他商品的需求弹性	$-\left(\dfrac{\rho}{\rho-1}\right)\dfrac{1}{\left(\dfrac{p_m}{p_s}\right)^{\frac{\rho}{\rho-1}}\left(\dfrac{a_2}{a_1}\right)^{\frac{1}{\rho-1}} + 1}$	e_{Q_b}	投入品供给价格弹性	$-\dfrac{a_5}{a_6+a_5-1}$

为表达方便，将式（7-28）~式（7-33）记为矩阵形式，可表示为

$$A \cdot B = C$$

其中，矩阵 A 为

$$A = \begin{bmatrix} 0 & 1 & 0 & 0 & \dfrac{\alpha+\beta}{\alpha+\beta-1} & 0 \\ 1 & 0 & 0 & -\dfrac{\rho}{\rho-1}\left[\dfrac{1}{\rho} - \dfrac{1}{1 + \left(\dfrac{p_s}{p_m}\right)^{\frac{\rho}{\rho-1}}\left(\dfrac{a_1}{a_2}\right)^{\frac{1}{\rho-1}}}\right] & 0 & 0 \\ 0 & 0 & 1 & 0 & 0 & \dfrac{a_5+a_6}{a_6+a_5-1} \\ 1 & -a_3 & -a_4 & 0 & 0 & 0 \\ 0 & 1-a_3 & -a_4 & -1 & 1 & 0 \\ 0 & -a_3 & 1-a_4 & -1 & 0 & 1 \end{bmatrix}$$

$$B = [\mathrm{dln}Q_m \quad \mathrm{dln}Q_f \quad \mathrm{dln}Q_b \quad \mathrm{dln}p_m \quad \mathrm{dln}p_f \quad \mathrm{dln}p_b]'$$

$$C = \begin{bmatrix} c_1\mathrm{dln}w_f + c_2\mathrm{dln}r_f \\ \mathrm{dln}I - c_4\mathrm{dln}p_s \\ c_5\mathrm{dln}w_b + c_6\mathrm{dln}r_b \\ 0 \\ 0 \\ 0 \end{bmatrix}$$

7.4 柑橘鲜果价格形成理论模型求解

运用克莱姆法则对上节中的矩阵求解，可以得到影响柑橘生产者市场、中间商市场、消费者市场外生变量变动对系统内生变量变动的影响程度。模型的推导过程可以得出各外生变量变化对内生变量的总的影响程度，并得到最终的模型简化形式如下：

$$d\ln Q_m = E_{Q_m,w_f}d\ln w_f + E_{Q_m,r_f}d\ln r_f + E_{Q_m,I}d\ln I + E_{Q_m,p_s}d\ln p_s + E_{Q_m,w_b}d\ln w_b + E_{Q_m,r_b}d\ln r_b$$

$$d\ln Q_f = E_{Q_f,w_f}d\ln w_f + E_{Q_f,r_f}d\ln r_f + E_{Q_f,I}d\ln I + E_{Q_f,p_s}d\ln p_s + E_{Q_f,w_b}d\ln w_b + E_{Q_f,r_b}d\ln r_b$$

$$d\ln Q_b = E_{Q_b,w_f}d\ln w_f + E_{Q_b,r_f}d\ln r_f + E_{Q_b,I}d\ln I + E_{Q_b,p_s}d\ln p_s + E_{Q_b,w_b}d\ln w_b + E_{Q_b,r_b}d\ln r_b$$

$$d\ln p_m = E_{p_m,w_f}d\ln w_f + E_{p_m,r_f}d\ln r_f + E_{p_m,I}d\ln I + E_{p_m,p_s}d\ln p_s + E_{p_m,w_b}d\ln w_b + E_{p_m,r_b}d\ln r_b$$

$$d\ln p_f = E_{p_f,w_f}d\ln w_f + E_{p_f,r_f}d\ln r_f + E_{p_f,I}d\ln I + E_{p_f,p_s}d\ln p_s + E_{p_f,w_b}d\ln w_b + E_{p_f,r_b}d\ln r_b$$

$$d\ln p_b = E_{p_b,w_f}d\ln w_f + E_{p_b,r_f}d\ln r_f + E_{p_b,I}d\ln I + E_{p_b,p_s}d\ln p_s + E_{p_b,w_b}d\ln w_b + E_{p_b,r_b}d\ln r_b$$

以上简化表达式表明：所有内生变量均受到替代商品价格（P_s）、消费支出（I）、柑橘生产中的劳动力价格（w_f）、资本价格（r_f）、投入品劳动力价格（w_b）、投入品资本价格（r_b）等外生变量的影响。通过分析，可以从理论上求解出外部冲击变量对内生变量的影响程度大小，以及柑橘生产者价格及消费者价格在不同市场间传递的方向及大小。

在求解过程中，为计算简单，特将一些表达烦琐的公式重新定义，以达到简化的目的，令

$$c_1 = \frac{\alpha}{\alpha + \beta - 1}$$

$$c_2 = \frac{\beta}{\alpha + \beta - 1}$$

$$c_3 = \frac{\rho}{\rho - 1}\left[\frac{1}{\rho} - \frac{1}{1 + \left(\frac{p_s}{p_m}\right)^{\frac{\rho}{\rho-1}}\left(\frac{a_1}{a_2}\right)^{\frac{1}{\rho-1}}}\right]$$

$$c_4 = \left(\frac{\rho}{\rho - 1}\right)\frac{1}{\left(\frac{p_m}{p_s}\right)^{\frac{\rho}{\rho-1}}\left(\frac{a_2}{a_1}\right)^{\frac{1}{\rho-1}} + 1}$$

$$c_5 = \frac{a_5}{a_6 + a_5 - 1}$$

$$c_6 = \frac{a_6}{a_6 + a_5 - 1}$$

$$d_1 = c_1 + c_2 = \frac{\alpha+\beta}{\alpha+\beta-1}$$

$$d_2 = c_5 + c_6 = \frac{a_5+a_6}{a_6+a_5-1}$$

另外，对矩阵 A 求行列式的值，得到 D 的表达式为

$$D = |A| = \frac{a_5+a_6}{a_5+a_6-1}\frac{1}{\alpha+\beta-1}a_4 + \frac{1}{a_5+a_6-1}\frac{\alpha+\beta}{\alpha+\beta-1}a_3$$

$$+ \frac{\rho}{\rho-1}\left[\frac{1}{\rho} - \frac{1}{1+(\frac{p_s}{p_m})^{\frac{\rho}{\rho-1}}(\frac{a_1}{a_2})^{\frac{1}{\rho-1}}}\right]\left[\frac{a_5+a_6}{a_5+a_6-1}\frac{1}{\alpha+\beta-1}a_4\right.$$

$$\left. + \frac{1}{a_5+a_6-1}\frac{\alpha+\beta}{\alpha+\beta-1}a_3 - \frac{1}{a_5+a_6-1}\frac{1}{\alpha+\beta-1}\right]$$

7.4.1 生产者市场上外生变量冲击对内生变量的影响程度测算

通过计算可以从理论上得到柑橘生产过程中投入要素价格劳动力价格（w_f）和资本价格（r_f）变化对各内生变量的影响程度。结果整理如下：

$$\begin{pmatrix} E_{Q_m, w_f} \\ E_{Q_f, w_f} \\ E_{Q_b, w_f} \\ E_{P_m, w_f} \\ E_{P_f, w_f} \\ E_{P_b, w_f} \end{pmatrix} = \begin{pmatrix} \dfrac{c_1 c_3 a_3 (d_2-1)}{D} \\ \dfrac{c_1(d_2 c_3 - c_3 - d_2 a_4 - d_2 a_4 c_3)}{D} \\ \dfrac{c_1(d_2 a_3 + d_2 a_3 c_3)}{D} \\ \dfrac{c_1(d_2 a_3 - a_3)}{D} \\ \dfrac{c_1(d_2 a_4 + d_2 a_4 c_3 - a_3 + c_3 - c_3 a_3 + d_2 a_3 - d_2 c_3 + c_3 a_3 d_2)}{D} \\ \dfrac{-c_1 a_3(1+c_3)}{D} \end{pmatrix}$$

上述结果中，E_{Q_m, w_f} 表示 $\mathrm{dln}w_f$ 的微小变化所引起的 $\mathrm{dln}Q_m$ 变化的系数，其中，w_f 为柑橘生产中劳动力的价格，Q_m 为消费市场对柑橘的需求量。E_{Q_f, w_f} 为 $\mathrm{dln}w_f$ 的微小变化所引起的 $\mathrm{dln}Q_f$ 的变化系数，其中 Q_f 为柑橘产量。E_{Q_b, w_f} 为 $\mathrm{dln}Q_b$ 的微小变化所引起的 $\mathrm{dln}Q_b$ 的变化的系数，其中 Q_b 指的是投入品的产量。E_{P_m, w_f} 为 $\mathrm{dln}w_f$ 的微小变化所引起的 $\mathrm{dln}p_m$ 的变化系数，其中 P_m 为柑橘的消费者价格。E_{P_f, w_f} 为 $\mathrm{dln}w_f$ 的微小变化所引起的 $\mathrm{dln}p_f$ 的变化系数，其中 P_f 为柑橘的

生产者价格。E_{p_b,w_f} 为 $\mathrm{dln}w_f$ 的微小变化所引起的 $\mathrm{dln}p_b$ 的变化系数。

$$\begin{pmatrix} E_{Q_m, r_f} \\ E_{Q_f, r_f} \\ E_{Q_b, r_f} \\ E_{p_m, r_f} \\ E_{p_f, r_f} \\ E_{p_b, r_f} \end{pmatrix} = \begin{pmatrix} \dfrac{c_2 c_3 a_3 (d_2 - 1)}{D} \\ \dfrac{c_2 (d_2 c_3 - c_3 - d_2 a_4 - d_2 a_4 c_3)}{D} \\ \dfrac{c_2 (d_2 a_3 + d_2 a_3 c_3)}{D} \\ \dfrac{c_2 (d_2 a_3 - a_3)}{D} \\ \dfrac{c_2 (d_2 a_4 + d_2 a_4 c_3 - a_3 + c_3 - c_3 a_3 + d_2 a_3 - d_2 c_3 + c_3 a_3 d_2)}{D} \\ \dfrac{-c_2 a_3 (1 + c_3)}{D} \end{pmatrix}$$

上述结果分别表示柑橘生产过程中资本价格（r_f）变化对6个内生变量的影响程度。

7.4.2 中间商市场上外生变量冲击对内生变量的影响程度测算

在投入品生产中，投入品劳动力的价格（w_b）和投入品资本的价格（r_b）变化对各内生变量的影响，结果整理如下：

$$\begin{pmatrix} E_{Q_m, w_b} \\ E_{Q_f, w_b} \\ E_{Q_b, w_b} \\ E_{p_m, w_b} \\ E_{p_f, w_b} \\ E_{p_b, w_b} \end{pmatrix} = \begin{pmatrix} \dfrac{c_5 c_3 a_4 (d_1 - 1)}{D} \\ \dfrac{c_5 (a_4 d_1 + c_3 a_4 d_1)}{D} \\ \dfrac{c_5 (c_3 d_1 - d_1 a_3 - c_3 - c_3 d_1 a_3)}{D} \\ \dfrac{c_5 (d_1 a_4 - a_4)}{D} \\ \dfrac{-c_5 a_4 (1 + c_3)}{D} \\ \dfrac{c_5 (d_1 a_4 - a_4 - c_3 a_4 + c_3 a_4 d_1 + d_1 a_3 + c_3 - c_3 d_1 + c_3 d_1 a_3)}{D} \end{pmatrix}$$

$$\begin{pmatrix} E_{Q_m, r_b} \\ E_{Q_f, r_b} \\ E_{Q_b, r_b} \\ E_{P_m, r_b} \\ E_{P_f, r_b} \\ E_{P_b, r_b} \end{pmatrix} = \begin{pmatrix} \dfrac{c_6 c_3 a_4 (d_1 - 1)}{D} \\ \dfrac{c_6 (a_4 d_1 + c_3 a_4 d_1)}{D} \\ \dfrac{c_6 (c_3 d_1 - d_1 a_3 - c_3 - c_3 d_1 a_3)}{D} \\ \dfrac{c_6 (d_1 a_4 - a_4)}{D} \\ \dfrac{-c_6 a_4 (1 + c_3)}{D} \\ \dfrac{c_6 (d_1 a_4 - a_4 - c_3 a_4 + c_3 a_4 d_1 + d_1 a_3 + c_3 - c_3 d_1 + c_3 d_1 a_3)}{D} \end{pmatrix}$$

7.4.3 消费者市场上外生变量冲击对内生变量的影响程度测算

在柑橘消费者市场上，影响消费者对柑橘需求量的主要因素是居民消费支出（I）及替代商品的价格（P_s），而这两个变量属于外生变量，都由系统外的其他因素所决定。因此，这两个因素的微小变动，会导致内生变量的变动，而内生变量之间是相互影响的，某一外生变量的变化会引起多个内生变量的交互变化，最终达到新的均衡点。而本章用克莱姆法则求解的结果就是这一均衡状态下的结果。

$$\begin{pmatrix} E_{Q_m, p_s} \\ E_{Q_f, p_s} \\ E_{Q_b, p_s} \\ E_{P_m, p_s} \\ E_{P_f, p_s} \\ E_{P_b, p_s} \end{pmatrix} = \begin{pmatrix} \dfrac{-c_4 (d_1 d_2 a_3 + d_1 d_2 a_4 - d_2 a_4 - d_1 a_3)}{D} \\ \dfrac{-c_4 (d_1 d_2 - d_1)}{D} \\ \dfrac{-c_4 (d_1 d_2 - d_2)}{D} \\ \dfrac{-c_4 (d_2 a_4 + d_1 d_2 + 1 - d_1 d_2 a_3 - d_1 d_2 a_4 - d_1 - d_2 + d_1 a_3)}{D} \\ \dfrac{-c_4 (1 - d_2)}{D} \\ \dfrac{-c_4 (1 - d_1)}{D} \end{pmatrix}$$

$$\begin{pmatrix} E_{Q_m, I} \\ E_{Q_f, I} \\ E_{Q_b, I} \\ E_{p_m, I} \\ E_{p_f, I} \\ E_{p_b, I} \end{pmatrix} = \begin{pmatrix} \dfrac{(d_1 d_2 a_3 + d_1 d_2 a_4 - d_2 a_4 - d_1 a_3)}{D} \\ \dfrac{(d_1 d_2 - d_1)}{D} \\ \dfrac{(d_1 d_2 - d_2)}{D} \\ \dfrac{(d_2 a_4 + d_1 d_2 + 1 - d_1 d_2 a_3 - d_1 d_2 a_4 - d_1 - d_2 + d_1 a_3)}{D} \\ \dfrac{(1 - d_2)}{D} \\ \dfrac{(1 - d_1)}{D} \end{pmatrix}$$

7.4.4 柑橘生产者价格与消费者价格传导方向及大小测算

前面的理论模型推导还可以深入探讨柑橘在生产者市场及消费者市场上的价格传递关系。本节讨论的价格传递主要是计算价格在不同市场间的传递弹性。

参考前人价格传递弹性的计算公式（Gardner，1975；王秀清等，2007），该理论模型可以计算柑橘生产者市场与消费者市场之间的价格传递弹性，以考察外生变量冲击对柑橘价格传递的影响程度。

价格传递弹性主要分为两类：一类是由于柑橘供给方面的外生冲击所导致的从柑橘生产者市场到消费者市场之间的价格传递，其价格传递弹性计算公式为

$$\tau^{s\text{生产者市场}\to\text{消费者市场}} = \frac{\mathrm{dln}p_m/\mathrm{dln}M}{\mathrm{dln}p_f/\mathrm{dln}M} = \frac{E_{p_m, M}}{E_{p_f, M}} \qquad \text{其中，} M = w_f, r_f$$

另一类是由于柑橘消费者市场上需求方面的外生冲击所导致的从柑橘消费者市场到柑橘生产者市场之间的价格传递，其价格传递弹性计算公式为

$$\tau^{\text{消费者市场}\to\text{生产者市场}} = \frac{\mathrm{dln}p_f/\mathrm{dln}N}{\mathrm{dln}p_m/\mathrm{dln}N} = \frac{E_{p_f, N}}{E_{p_m, N}} \qquad \text{其中，} N = p_s, I$$

价格传递弹性的测算结果，可以通过前面求出的弹性求出其大小。

7.5 理论模型的推广

该模型可以扩展到农产品价格的研究中，如粮食、水果、蔬菜等。目前来

说，农产品市场是比较接近完全竞争市场，应用这个简化的理论模型，只需要拟合模型中方程的参数，主要是各种变量的偏弹性，即可求出外生变量变动1%，相应的内生变量变动的程度，并测算出价格在不同市场中的传导方向及大小，检验价格传导的对称性。

总之，本章构建的价格形成理论模型，不仅能够找出柑橘价格形成及传导的路径，更能找出价格形成的深层次原因，求解出影响程度的大小。该模型的建立，能为我们解释柑橘价格现象提供理论依据，具有较好的应用价值。

然而，本章的理论模型在考虑每个市场时都进行了简化，只选择了几个公认的价格影响因素来分析柑橘市场价格形成情况。在以后的讨论中，可以考虑更多的因素，将模型加以扩展，使其更接近于现实。

7.6 本章小结

本章构建了一个完全竞争市场下柑橘价格形成的理论模型，从而架起了柑橘生产者价格到消费者价格之间的桥梁。首先，对理论模型进行说明并提出了模型的研究假设，然后对柑橘的生产者市场、中间商市场及消费者市场进行了详细阐述及函数模拟。紧接着，构建了柑橘生产者市场、中间商市场及消费者市场均衡的理论模型，并用克莱姆法则进行了求解，在理论上得出了生产者市场、中间商市场及消费者市场上的外生变量冲击对内生变量的影响程度。此外，该模型还可以深入探讨价格在生产者市场及消费者市场上的传递过程。最后，对该理论模型的推广及运用进行了相关的阐述。

第8章
中国柑橘鲜果价格形成的实证研究

本章将对上一章中建立的柑橘鲜果价格形成理论模型进行实证分析。在实证过程中，对于可以通过计量方法测算出来的参数可以通过测算获得，对于难以获得数据的参数，可以根据前人的研究或者该指标的经济学含义来设置参数的值，而这些对于研究变量间的相对变化趋势来说影响并不大。

8.1 理论模型相关参数的拟合

对上一章中理论模型进行深入分析发现，该模型中虽然有很多参数，但是起关键作用的主要是一些弹性或者偏弹性系数，因为本书的主要目的是找出柑橘价格影响因素间的相对变化趋势，故本章将对柑橘在生产者市场、中间商市场及消费者市场上的重要参数进行拟合或设定。

8.1.1 生产者市场上的参数拟合

柑橘生产者市场上参数的拟合，主要是对柑橘生产函数的拟合，而拟合的主要目的是找出柑橘生产者市场上劳动力、资本价格的产出弹性。计算生产函数过程中需要用到的柑橘产量、劳动力价格、资本价格等数据来源于历年的《全国农产品成本资料汇编》。本章对柑橘生产函数的拟合使用的是C-D生产函数，然而《全国农产品成本资料汇编》上的数据于2004年以后统计口径发生了很大的变化。考虑到2004年之前的数据样本量较大，对弹性的测定更为准确，因此选取1990~2003年的柑橘数据来拟合其生产函数。其中，Q_f为每亩柑橘的产量，L为每亩标准劳动力的用工，K为每亩物质费用。估计的结果如下：$A_1 = 0.0017$，$\alpha = 1.0253$，$\beta = -0.3084$。其中，α是劳动力产出的弹性系数，β是资本产出的弹性系数。

因此可以得到柑橘的生产函数的简化形式：$Q_f = 0.0017 L^{1.0253} K^{-0.3084}$。上一章中对柑橘生产函数进行了详细的推导，并在生产函数的基础上推导出了在达到生产者利润最大化时的最优供给函数。然而，本章的讨论重点只是找出参数的产出弹性，研究变量间的相对变化趋势，故本章省略对供给函数的进一步分析。

8.1.2 中间商市场上的参数拟合

中间商市场上的参数拟合主要是对中间商企业生产函数的拟合及投入品生产函数的拟合。上一章的理论模型中将柑橘在生产者市场及消费者市场之外的市场称为中间商市场，并将中间商市场上的所有参与者（包括企业和个人）视为一个整体，称为中间商企业。

然而，实证过程中会发现关于中间商企业的数据是很难获得的。此外，中间商企业包含了多种类型的企业的集合，要估计其生产函数并不容易。为简化讨论，本节选择其中具有代表性的企业，即加工企业来进行估计，因为加工企业是柑橘产业链中最关键的一环，这里的加工特指初加工，是指对从生产者那里购入的柑橘鲜果进行清洗、打蜡、包装、储存等初级加工以满足消费者的需求。随着国家政策的开放，很多加工企业都参与柑橘的收购与销售，赚取柑橘的差价，当然这与我国柑橘流通环节的市场化程度不高有关。

目前，柑橘加工企业的规模良莠不齐，日生产能力差异很大。很多小型的柑橘加工企业就建在柑橘生产基地或生产区域内，目的是能够因地制宜，为果农服务。有些规模较大的加工企业则会组织团队人员专门向柑橘种植户收购，进行初加工后按照市场行情转卖。由于目前我国还没有单独统计柑橘生产加工企业的数据，无法找出加工企业的投入数据和产出数据来拟合其生产函数。因此，本章对中间商企业生产函数的拟合将根据参数的经济学含义，并结合前人的研究来设定模型中所需的参数。

根据上一章柑橘价格形成理论的推导结果，需要估计的中间商企业的生产函数参数主要包括 a_3 和 a_4。假设柑橘加工企业是规模报酬不变的，原材料与投入品之间的替代弹性为 1，即认为原材料柑橘与中间商投入品之间在一定程度上是可以替代的，如柑橘属于鲜活农产品，易腐易烂，为了减少其损耗，在生产过程中可以通过增加劳动力来实现。a_3 和 a_4 是柑橘生产过程中原材料柑橘鲜果与投入品的分配系数，在规模报酬不变的假定条件下，a_3 和 a_4 可以近似为柑橘总产量中二者的份额，即

$$a_3 = \frac{Q_f P_f}{Q_m P_m}, \qquad a_4 = \frac{Q_b P_b}{Q_m P_m}, \qquad 且 \quad a_3 + a_4 = 1$$

由于目前我国柑橘加工企业的数据缺失严重，而食品加工企业的数据统计较为完善，故本章转而用食品加工企业的数据来拟合参数，继而代替柑橘加工企业的参数进行运算。虽然会有一些差异，但是本章关注的焦点是变量间的相对变化趋势，所以整体上来说本章的结果还是有一定参考价值的。

本章欲使用食品加工业数据来获得大致的投入产出比例，其中包括分省食品加工企业的总产值、劳动力、资本及原材料的投入，由于劳动力投入的单位为万人，总产值与其他投入单位为亿元，口径不一致，本章进行了相应的转化，得到以亿元为单位的劳动力工资投入。再分别计算各年原材料投入占总产值的比重，取平均值作为 a_3 的值，然后根据 $a_3 + a_4 = 1$，得到 a_4 的取值。经计算得到，$a_3 = 0.725$，$a_4 = 0.275$。Q_f / Q_b 的取值也可以计算出来，其中 Q_b 是劳动力投入和资本投入的加总。

关于投入品生产函数的参数拟合，也要根据其经济性含义分别取值。假定柑橘投入品的生产是资本密集型的，劳动力与资本的弹性系数分别为 0.5 和 0.6；其次，参考盛仕斌和徐海（1999）的计算结果，假定投入品生产企业劳动力与资本之间的替代弹性为 1；关于投入品生产的供给弹性，参考辛贤（1998）的研究，我们假定投入品具有无限供给弹性。投入品的价格相对稳定，中间商企业对投入品需求的扩大，不会使投入品价格上升。其中，r_b 为投入品生产中资本的价格，在计算时使用《中国统计年鉴》中原材料、燃料与动力购进价格指数来代替；w_b 为投入品生产中劳动力投入的价格，使用《新中国 55 年统计资料汇编》中的实际工资指数来代替。

8.1.3 消费者市场上的参数拟合

柑橘在消费市场上的参数拟合，主要是对消费者效用函数的参数进行拟合。由于在效用函数中，a_1、a_2 分别是柑橘和替代品苹果在市场上的分配系数，可以理解为柑橘和苹果各自在居民消费中所占的比重。根据中国农业信息网上农业部估计的人均水果消费量进行折算，根据柑橘与苹果的消费比例计算出，$a_1 = 0.4$，$a_2 = 0.6$，即在居民水果消费者，柑橘的消费比例略低于其替代品苹果的消费比例。其中，P_m 是柑橘的消费者价格，使用《中国农产品价格调查年鉴》中的柑橘集贸市场价格代替。P_s 是苹果的消费者价格，使用的也是苹果的集贸市场价格来计算。这里需要说明的是，在模拟过程中实际需要的是柑橘与苹果的价格比，通过比较发现，二者的价格比值差异不是很大。此外，ρ 是柑橘与苹果的替代参数，$1/(1-\rho)$ 为柑橘与苹果的替代弹性。在效用函数中，这个替代弹性关系到消费者对柑橘和苹果的消费偏好，当 ρ 趋于负无穷，柑橘与苹果完全不可替代，当 ρ 趋于 1 时，二者之间具有无限替代弹性。ρ 的取值范围介于 0 和 1 之间，本章假设 $\rho=0.33$，即柑橘与苹果的替代弹性接近于 1.5。

8.1.4 主要参数总结

通过前面的分析，现将各参数的取值总结如表 8-1 所示。

表 8-1 参数初始值的设定
Table 8-1　Setting of Initial Parameter Values

拟定参数	初始值设置	拟定参数	初始值设置
α	1.025	M	1.000
β	−0.308	a_3	0.725
a_1	0.400	a_4	0.275
a_2	0.600	a_5	0.500
ρ	0.333	a_6	0.600

表 8-1 中，确定了理论模型中的参数估计值。此外，在求解过程中，为了计算简单，将一些表达烦琐的公式重新进行了定义，计算结果见表 8-2。

表 8-2 参数初始值的设定
Table 8-2　Setting of Initial Parameter Values

参数名称	参数值	参数名称	参数值
c_1	−3.6217	c_5	5.000
c_2	1.0894	c_6	6.000
c_3	−1.0327	c_7	−2.533
c_4	−0.3879	c_8	11.000

8.2　外生冲击对柑橘价格的影响

8.2.1　外生冲击对柑橘生产者价格的影响

根据第 7 章中各外生变量变化对内生变量总影响的理论推导结果，加上表 8-1 和表 8-2 中拟定的参数，可以计算出各种弹性的数值，并模拟各外生变量变动1%对柑橘生产者价格的影响。

由表8-3的模拟结果可以看到：在外生冲击的影响下，柑橘生产者价格会随着外生冲击的变化而变化。外生变量每变化1%，柑橘的生产者价格也会发生相应比例的变化。

表8-3 各外生变量对柑橘生产者价格的影响
Table 8-3 Impact of Exogenous Variables on the the Citrus Farm Price

	$w_f\uparrow 1\%$	$r_f\uparrow 1\%$	$w_b\uparrow 1\%$	$r_b\uparrow 1\%$	$P_s\uparrow 1\%$	$I\uparrow 1\%$
P_f	1.0242	0.3081	−0.0013	−0.0015	0.1098	0.2830

注：此表经作者整理计算得到

从表8-3可以看出，外生变量变化对柑橘生产者价格的影响较大的是柑橘生产中劳动力的价格（w_f）、柑橘生产中资本的价格（r_f），其次是居民消费支出（I）、替代品价格（P_s），影响程度较小的是投入品劳动力价格（w_b）和投入品资本的价格（r_b）。

对表8-3的结果分析如下：外生变量柑橘生产中劳动力的价格（w_f）每上涨1%时，会带动柑橘生产者价格上涨1.0242%；柑橘生产中资本的价格（r_f）每上涨1%时，会带动柑橘生产者价格上涨0.3081%；市场上居民消费支出（I）每上涨1%时，会带动柑橘生产者价格上涨0.2830%；替代品价格（P_s）每上涨1%时，会带动柑橘生产者价格上涨0.1098%；投入品劳动力价格（w_b）每上涨1%时，会带动柑橘生产者价格下降0.0013%；投入品资本的价格（r_b）每上涨1%时，会带动柑橘生产者价格下降0.0015%。

在所有外生变量中，柑橘生产中劳动力的价格（w_f）和资本的价格（r_f）对生产者价格的影响是最大的，这是由于在柑橘的生产者价格中，柑橘的生产成本占据较大的份额，生产成本的上涨对于柑橘生产者价格具有明显的推动作用。此外，投入品中劳动力价格（w_b）和资本的价格（r_b）对柑橘生产者价格的影响并不大，但是是负向的，这主要是由于在投入品和柑橘的替代弹性有限的情况下，投入品成本的上升最终会使得中间商企业由于生产资料成本过高而选择减少柑橘的生产，降低对柑橘的需求。但是，值得注意的是，随着中间商企业在消费者市场上市场力量的增加，其投入成本的这种负的作用会逐渐降低，即当中间商企业对柑橘生产者价格有一定的影响力的时候，它可以通过减少的柑橘供给防止亏损。

8.2.2 外生冲击对柑橘消费者价格的影响

根据前面的理论推导结果及参数设定，可以计算出各外生变量变动1%对柑橘消费者价格的影响。

由表 8-4 的模拟结果可以看到：在外生冲击的影响下，柑橘消费者价格会随着外生冲击的变化而变化。外生变量每变化 1%，柑橘的消费者价格也会发生相应比例的变化。

表 8-4　各外生变量对柑橘消费者价格的影响
Table 8-4　Impact of Exogenous Variables on the Citrus Consumer Price

	w_f↑1%	r_f↑1%	w_b↑1%	r_b↑1%	P_s↑1%	I↑1%
P_m	0.7432	0.2235	0.1375	0.1650	0.0689	0.1777

注：此表经作者整理计算得到

从表 8-4 可以看出，外生变量变化对柑橘消费者价格的影响较大的是柑橘生产中劳动力的价格（w_f）、柑橘生产中资本的价格（r_f），其次是居民消费支出（I）、投入品资本的价格（r_b），影响程度较小的是投入品劳动力价格（w_b）和替代品价格（P_s）。

对表 8-4 的结果分析如下：外生变量柑橘生产中劳动力的价格（w_f）每上涨 1% 时，会带动柑橘消费者价格上涨 0.7432%；柑橘生产中资本的价格（r_f）每上涨 1% 时，会带动柑橘消费者价格上涨 0.2235%；市场上居民消费支出（I）每上涨 1% 时，会带动柑橘消费者价格上涨 0.1777%；替代品价格（P_s）每上涨 1% 时，会带动柑橘消费者价格上涨 0.0689%；投入品劳动力价格（w_b）每上涨 1% 时，会带动柑橘消费者价格上涨 0.1375%；投入品资本的价格（r_b）每上涨 1% 时，会带动柑橘消费者价格上涨 0.1650%。

在所有外生变量中，柑橘生产中劳动力的价格（w_f）和资本的价格（r_f）对消费者价格的影响是最大的，这是由于柑橘的消费者价格是在生产者价格的基础上产生的，而对生产者价格有推动作用的是柑橘的生产成本。劳动力价格和资本价格的上涨，在直接促进生产者价格上涨的同时，也通过价格的传导作用，间接影响了柑橘消费者价格的上涨。此外，消费市场上居民消费支出（I）和替代品价格（P_s）对消费者价格的影响也是较大的。值得一提的是，在前面的分析中发现，在生产者市场上，投入品中劳动力价格（w_b）和资本的价格（r_b）对柑橘的生产者价格及供给量的影响都是负向的，且影响幅度是非常小的。然而，在消费者市场上，投入品中劳动力价格（w_b）和资本的价格（r_b）对消费者价格的影响是正向的，而且影响程度较大。这说明，中间投入品价格的上涨，会促进柑橘在消费者市场上价格的上涨，即柑橘中间商市场的流通费用越高，消费者价格就会越高，而这所有的费用都将由终端消费者来承担，这个结果与我国现阶段柑橘消费市场上的实情是相符合的。

8.2.3 外生冲击对柑橘价格影响程度对比分析

前面分别分析了各外生变量对柑橘生产者价格及消费者价格的影响程度。本节将对外生变量对柑橘价格的影响程度进行对比分析。

表 8-5 外生变量对柑橘价格的影响程度对比

Table 8-5 Impact of Exogenous Variables on the Price of Citrus

	w_f↑1%	r_f↑1%	w_b↑1%	r_b↑1%	P_s↑1%	I↑1%
P_f	1.0242	0.3081	−0.0013	−0.0015	0.1098	0.2830
P_m	0.7432	0.2235	0.1375	0.1650	0.0689	0.1777

注：此表经作者整理计算得到

由表 8-5 可知，生产者市场上的外生变量主要是柑橘生产中劳动力的价格（w_f）和资本的价格（r_f），中间商市场上的外生变量主要是投入品劳动力价格（w_b）和投入品资本的价格（r_b），而消费者市场上的外生变量主要是居民消费支出（I）和替代品价格（P_s）。

总的来说，柑橘生产者市场上的外部冲击，如柑橘生产中劳动力的价格（w_f）和资本的价格（r_f）每上涨1%，对柑橘生产者价格的影响程度明显大于对消费者价格的影响程度，这是由于柑橘生产者市场上劳动力和资本价格的上涨，会直接促进柑橘生产者价格的上涨，随后通过中间商市场的传导，最终影响柑橘的消费者价格。而在中间商市场的调整中，消费者价格的影响程度会适当减少，敏感的程度会低于生产者市场上的生产者价格是合理的。在实践中，柑橘产量的调整速度要小于投入品的调整速度，柑橘需求方面的变化可以通过投入品的调整而放大，使柑橘生产者价格的变化大于柑橘消费者价格的变化。对中间商企业来讲，投入品就像一个调节器，可以对来自生产者市场和消费者市场上的冲击进行适当的缓冲。当然，如果是投入品生产方面的冲击会在很大程度上影响中间商企业的生产决策，因为它会更加直接地影响消费者市场上柑橘的价格。

此外，通过对比中间商市场上的外部冲击投入品劳动力价格（w_b）和投入品资本的价格（r_b）对价格的影响程度可以发现，中间商市场上生产资料价格的上涨对生产者价格有一定的负影响，但是影响程度很小。然而，中间商市场上生产资料价格的上涨会在很大程度上影响柑橘在消费者市场上的价格。当然，这也是符合现实情况的。因为柑橘先经历生产者市场，然后才是中间商市场，所以中间商市场上外生冲击对柑橘的生产者价格的影响本来就并不大。反过来，柑橘经过中间商市场后最终会到达消费者市场，中间商市场上的外生冲击，尤其是投入品价格的上涨，会抬高消费者市场上柑橘的消费者价格。本节的实证结果是符合现实情况的。

此外，通过对比消费者市场上的外部冲击居民消费支出（I）和替代品价格（P_s）对价格的影响程度可以发现，二者对生产者价格和消费者价格的影响都是正向的，且影响程度相差不大，从实证结果可以看出生产者价格对消费市场上的外部冲击更敏感一些。

8.3 外生冲击对柑橘产量的影响

8.3.1 外生冲击对柑橘供给量的影响

根据前面的理论推导结果及参数设定，可以计算出各外生变量变动1%对柑橘供给量的影响。

由表8-6的模拟结果可以看到：在外生冲击的影响下，柑橘的供给量会随着外生冲击的变化而变化。外生变量每变化1%，柑橘的供给量也会发生相应比例的变化。

表8-6 各外生变量对柑橘供给量的影响
Table 8-6 Impact of Exogenous Variables on the Supply of Citrus

	$w_f\uparrow 1\%$	$r_f\uparrow 1\%$	$w_b\uparrow 1\%$	$r_b\uparrow 1\%$	$P_s\uparrow 1\%$	$I\uparrow 1\%$
Q_f	-1.0485	-0.3154	-0.0032	-0.0039	0.2781	0.7168

注：此表经作者整理计算得到

从表8-6可以看出，外生变量变化对柑橘供给量的影响较大的是柑橘生产中劳动力的价格（w_f）、居民消费支出（I），其次是柑橘生产中资本的价格（r_f）、替代品价格（P_s），影响程度较小的是投入品资本的价格（r_b）和投入品劳动力价格（w_b）。

对表8-6的结果分析如下：外生变量柑橘生产中劳动力的价格（w_f）每上涨1%时，会带动柑橘的供给量下降1.0485%；柑橘生产中资本的价格（r_f）每上涨1%时，会带动柑橘的供给量下降0.3154%；市场上居民消费支出（I）每上涨1%时，会带动柑橘的供给量上涨0.7168%；替代品价格（P_s）每上涨1%时，会带动柑橘的供给量上涨0.2781%；投入品劳动力价格（w_b）每上涨1%时，会带动柑橘的供给量下降0.0032%；投入品资本的价格（r_b）每上涨1%时，会带动柑橘的供给量下降0.0039%。

在所有外生变量中，柑橘生产中劳动力的价格（w_f）、柑橘生产中资本的价格（r_f）和居民消费支出（I）对柑橘供给量的影响是较大的，这是由于在柑橘的生产过程中，劳动力价格的增长会促使柑橘生产成本的增加，而使种植户面对较高的生产成本而适当地减少产量。此外，在实践中，柑橘生产中劳动力的价格比资本的价格变化增长幅度更大，这也是劳动力价格对柑橘供给量影响较大的原因。此外，消费者市场上居民消费支出（I）及替代品价格（P_s）通过影响柑橘的需求而对柑橘的供给量有一定的正向冲击。而投入品中劳动力价格（w_b）和资本的价格（r_b）对柑橘供给量的影响是负向的，但是影响程度并不大，这是由于随着投入品成本的上升，中间商企业由于生产投入成本过高而会选择适当减少柑橘的产量，当然这种影响只是暂时的，不会持续很久。

8.3.2 外生冲击对柑橘需求量的影响

由表 8-7 的模拟结果可以看到：在外生冲击的影响下，柑橘的需求量会随着外生冲击的变化而变化。外生变量每变化 1%，柑橘的实际需求量也会发生相应比例的变化。

表 8-7　各外生变量对柑橘需求量的影响
Table 8-7　Impact of Exogenous Variables on the Demand of Citrus

项目	$w_f\uparrow 1\%$	$r_f\uparrow 1\%$	$w_b\uparrow 1\%$	$r_b\uparrow 1\%$	$P_s\uparrow 1\%$	$I\uparrow 1\%$
Q_m	−0.7675	−0.2309	−0.1420	−0.1704	0.3189	0.8221

注：此表经作者整理计算得到

从表 8-7 可以看出，外生变量变化对柑橘需求量的影响较大的是居民消费支出（I）、柑橘生产中劳动力的价格（w_f），其次是替代品价格（P_s）、柑橘生产中资本的价格（r_f），影响程度较小的是投入品资本的价格（r_b）和投入品劳动力价格（w_b）。

对表 8-7 的结果分析如下：外生变量柑橘生产中劳动力的价格（w_f）每上涨 1% 时，会带动柑橘的需求量下降 0.7675%；柑橘生产中资本的价格（r_f）每上涨 1% 时，会带动柑橘的需求量下降 0.2309%；市场上居民消费支出（I）每上涨 1% 时，会带动柑橘的需求量上涨 0.8221%；替代品价格（P_s）每上涨 1% 时，会带动柑橘的需求量上涨 0.3189%；投入品劳动力价格（w_b）每上涨 1% 时，会带动柑橘的需求量下降 0.1420%；投入品资本的价格（r_b）每上涨 1% 时，会带动柑橘的需求量下降 0.1704%。

在所有外生变量中，柑橘生产中居民消费支出（I）、劳动力的价格（w_f）

及替代品价格（P_s）对柑橘需求量的影响是较大的，这是由于消费市场上居民收入的提高会促使消费者适当增加对柑橘的需求。此外，替代品价格的增加，会促使消费者对柑橘的需求量显著增加。然而，劳动力的价格（w_f）增加会促使生产者市场上柑橘产量的降低，随之传导到柑橘的消费者市场上，促使消费者需求量也降低。值得一提的是，投入品中劳动力价格（w_b）和资本的价格（r_b）对柑橘需求量的影响是负向的，这与实际情况是相符合的。这是由于投入品生产成本的增加，直接导致了消费者市场上柑橘价格的增加，柑橘消费者价格的增长会使得理性的消费者转而增加其他水果消费量，而适当地减少对柑橘的需求量。因此，总的来说本章的实证结果能够解释目前我国柑橘消费者市场上的真实情况。

8.3.3 外生冲击对柑橘产量影响程度的对比

前面分别分析了各外生变量对柑橘供给量与需求量的影响程度。本节将对外生变量对柑橘产量的影响程度进行对比分析。

由表 8-8 可知，生产者市场上的外生变量主要是柑橘生产中劳动力的价格（w_f）和资本的价格（r_f），中间商市场上的外生变量主要是投入品劳动力价格（w_b）和投入品资本的价格（r_b），而消费者市场上的外生变量主要是居民消费支出（I）和替代品价格（P_s）。

表 8-8　外生变量对柑橘产量的影响

Table 8-8　Impact of Exogenous Variables on the Yield of Citrus

项目	$w_f\uparrow1\%$	$r_f\uparrow1\%$	$w_b\uparrow1\%$	$r_b\uparrow1\%$	$P_s\uparrow1\%$	$I\uparrow1\%$
Q_f	−1.0485	−0.3154	−0.0032	−0.0039	0.2781	0.7168
Q_m	−0.7675	−0.2309	−0.1420	−0.1704	0.3189	0.8221

注：此表经作者整理计算得到

总的来说，柑橘生产者市场上的外部冲击，如柑橘生产中劳动力的价格（w_f）和资本的价格（r_f）每上涨1%，对柑橘供给量的影响程度明显大于对消费市场上柑橘需求量的影响程度，这是由于柑橘生产者市场上劳动力和资本价格的上涨，会直接导致柑橘生产成本的上涨，在生产成本上涨的情况下，柑橘种植户会适当地减少柑橘的生产，从而造成了柑橘供给量的减少。随后通过中间商市场的传导，最终柑橘的消费需求量也会伴随着减少，但是由于消费者对生产者市场上信息的掌握程度不够，消费者对需求量减少的程度会低于生产者对供给量调整的速度。

此外，通过对比中间商市场上的外部冲击投入品劳动力价格（w_b）和投入品资本的价格（r_b）对产量的影响程度可以发现，中间商市场上投入品价格的上涨，会直接导致消费者价格的上涨，而消费者价格的上涨会使理性的消费者适当地减少柑橘的需求量。而中间商市场上投入品价格的上涨，对生产者市场的影响程度是很小的。当然，这也是符合现实情况的。

此外，通过对比消费者市场上的外部冲击居民消费支出（I）和替代品价格（P_s）对柑橘供给量与需求量的影响程度可以发现，二者对柑橘供给量和需求量的影响都是正向的，且影响程度相差不大，从实证结果可以看出居民消费支出（I）比替代品价格（P_s）变动所引起的内生变量间的反应更大。

8.4 柑橘价格在不同市场中的传导研究

8.4.1 生产者市场的外生冲击导致的柑橘价格传导

生产者市场上的外生变量主要是柑橘生产中劳动力的价格（w_f）和资本的价格（r_f），本节将讨论这两个外生变量变动所导致的柑橘价格由生产者市场向消费者市场的传导。

如果柑橘生产者市场上劳动力价格与资本价格上升，将直接带动柑橘生产成本的上升，进而推动柑橘生产者价格的上涨。由于消费者市场上的柑橘是由生产者市场提供的，故柑橘生产者市场上的生产者价格与消费者市场上的消费者价格之间是会相互影响的。生产者价格的上升在一定程度上会给消费者价格带来上升的压力，但是消费者价格的上升幅度是不是与生产者价格一样，主要取决于柑橘从生产者市场到消费者市场的价格传导弹性。如果价格传导弹性为1，说明柑橘的生产者价格上升1%，消费者价格也会上升1%，此时出现了柑橘价格在纵向市场上的完全传递；如果价格传导弹性为0，则说明柑橘生产者价格上升1%不会带来消费者价格的变动，柑橘生产者价格变动完全不能传导到消费者市场中。表8-9求出了柑橘生产者市场上的外生冲击导致的价格由生产者市场向消费者市场传导的弹性系数。

表8-9 生产者市场的外生冲击导致的柑橘价格传导弹性
Table 8-9 The Changes of Price Transmission Elasticity Due to Supply of Citrus

外生冲击	劳动力的价格（w_f）	资本的价格（r_f）
柑橘生产者价格向消费者价格传导的弹性	0.7256	0.7254

注：此表经作者整理计算得到

如表8-9所示,当柑橘生产中的劳动力价格上涨,导致生产者价格上涨1%时,大概只有0.7256%可以传递到消费者价格中去;当柑橘生产中的资本的价格上涨,导致生产者价格上涨1%时,也只有约0.7254%可以传递到消费者价格中去。也就是说,柑橘生产者市场上的价格波动只有七成可以被传递到柑橘的消费者市场上。生产者市场的价格波动幅度要远大于消费者市场的价格波动幅度。当生产者价格上涨时,柑橘消费者价格的上涨幅度要低于生产者市场;当生产者价格下降时,消费者价格的下降幅度也会小于生产者市场。这个估计结果与我国柑橘生产者市场和消费者市场的情况是比较符合的。

根据《全国农产品成本资料汇编》上关于柑橘生产者价格的统计,以及《中国农产品调查统计年鉴》上对柑橘消费者价格的统计,计算可得柑橘生产者价格的变异系数为0.267,而柑橘消费者价格的变异系数为0.234,这也进一步证实了上述结论的正确性,即柑橘价格在生产者市场上的变动幅度要远大于价格在消费者市场上的变动幅度。此外,我国学者在研究中得出了相似的结论,即20世纪末农产品价格每上涨1%,只约0.41%可以传导到农产品的加工制品的价格中去,究其原因是技术进步及营销策略等因素使得农产品加工制品的价格变动幅度要小于农产品的价格变动幅度(王秀清等,2004)。

8.4.2 消费者市场的外生冲击导致的柑橘价格传导

消费者市场上的外生变量主要是居民消费支出(I)和替代品价格(P_s),本节将讨论这两个外生变量变动所导致的柑橘价格由消费者市场向生产者市场的传导。

如果柑橘消费者市场上居民消费支出与替代品价格上升,将直接带动柑橘需求量的上升,进而推动柑橘消费者价格的上涨。由于消费者市场上的柑橘是由生产者市场提供的,故柑橘生产者市场上的生产者价格与消费者市场上的消费者价格之间是会相互影响的。消费者价格的上升在一定程度上会传导到生产者市场上给生产者价格带来上升的压力,但是消费者价格的上升幅度是不是与生产者价格一样,主要取决于柑橘从消费者市场到生产者市场的价格传导弹性。如果价格传导弹性为1,说明柑橘的消费者价格上升1%,生产者价格也会上升1%,此时出现了柑橘价格在纵向市场上的完全传递;如果价格传导弹性为0,则说明柑橘消费者价格上升1%不会带来生产者价格的变动,柑橘消费者价格变动完全不能传导到生产者市场中。表8-10求出了柑橘消费者市场上的外生冲击导致的价格由消费者市场向生产者市场传导的弹性系数。

表8-10 消费者市场的外生冲击导致的柑橘价格传导弹性
Table 8-10 The Changes of Price Transmission Elasticity Due to Demand of Citrus

外生冲击	替代品价格（P_s）	居民消费支出（I）
柑橘消费者价格向生产者价格传递的弹性	1.5936	1.5926

注：此表经作者整理计算得到

如表8-10所示，当消费市场上替代品价格上涨，导致消费者价格上涨1%时，大概会有1.5936%可以传递到生产者价格中去；当消费市场上居民消费收入增加，导致消费者价格上涨1%时，也有约1.5926%可以传递到生产者价格中去。也就是说，当消费者市场上外生冲击引起柑橘的消费者价格上涨时，柑橘消费者市场上的价格波动会被加倍传导到柑橘的生产者市场上，而且随着中间商企业在销售市场力量的增强，放大的程度会更大。这个结论也说明了消费者市场价格的波动幅度要远小于生产者市场价格的波动幅度。当消费者价格上涨时，柑橘生产者价格的上涨幅度要高于消费者市场；当消费者价格下降时，生产者价格的下降幅度也会大于消费者市场上消费者价格的下降幅度。

8.4.3 柑橘价格传导对比分析

由上面的分析结果可知，对于柑橘生产者市场到消费者市场这样一个产业链来说，处于下游的柑橘消费者市场与处在上游的生产者市场之间的价格传递是极不对称的，这种不对称性从长期看对于柑橘种植户和消费者都是不利的。

对于消费者来讲，在柑橘生产者价格上涨时期，这样的不对称性会使得消费者价格上涨幅度小于生产者价格，在一定程度上可以维护消费者的利益。然而，在由于柑橘生产成本下降所导致的生产者价格下降时期，消费者价格下降的幅度较生产者价格下降幅度而言，就会相对较少，而这样会使消费者从柑橘生产成本下降中的获益降低。

对于产业链前端的生产者来说，柑橘价格在不同市场间的不对称传导损害也是很大的。柑橘消费者市场需求上的微小波动，就会影响柑橘的消费者价格变化，而消费者价格变化对加倍地影响生产者市场上生产者价格的变化，从而使柑橘生产者面临的市场风险成倍扩大。而且，随着中间商企业在柑橘消费者市场上市场力量的增加，中间商企业为了获得更多的收益，这种不对称性有逐渐扩大的趋势。

8.5 柑橘市场价格放大效应的验证

一般情况下，我们会根据柑橘的价格变化情况来判断市场的供求状况。柑橘的价格上涨意味着市场上供不应求，而柑橘价格下降意味着供大于求。然而，柯炳生（1995）指出农产品价格具有放大效应，即农产品市场价格具有高灵敏性，在反映农产品供求变化上具有夸大性。柑橘市场价格是否具有放大效应？能否真实地反映市场的供求状况？本节将检验柑橘市场上是否具有放大效应。

8.5.1 生产者市场上的价格放大效应

农产品价格是否真实反映了农产品的实际供求情况一直是学者们争论的话题（柯炳生，1995；辛贤，2000），本章试图以柑橘生产者市场为例来验证这一现象是否存在。

表8-11中，$E(P_f/Q_f)$表示柑橘生产者市场在各种外生冲击下的价格放大效应参数，如果$E(P_f/Q_f)>1$，说明在外生冲击的影响下，生产者市场上价格的变化幅度要大于产量的变化幅度，柑橘的生产者价格具有放大效应；如果$E(P_f/Q_f)<1$，说明在外生冲击的影响下，柑橘的生产者价格变化幅度小于产量变化的幅度，柑橘的生产者价格具有缩小效应；另外一种特殊的情况是$E(P_f/Q_f)=1$，此时柑橘的生产者价格真实反映了柑橘产量的变化幅度。

表8-11 柑橘生产者市场上的价格放大效应
Table 8-11 Amplifier Effect of Farm Price in Producer Market

项目	w_f	r_f	w_b	r_b	P_s	I
$E(P_f/Q_f)$	-0.9768	-0.9769	0.4063	0.3846	0.3948	0.3948

注：此表经作者整理计算得到

由表8-11的结果可知，不论价格变化是由柑橘消费者市场需求、生产者市场供给，还是中间商市场上投入品供给所导致，柑橘生产者价格对于柑橘产量都具有缩小效应，即柑橘生产者价格的上升幅度小于柑橘产量的变化幅度，缩小了市场上柑橘的短缺程度。另外，当外生变量引起柑橘的生产者价格下降时，柑橘生产者价格的下降幅度也小于柑橘产量的变化幅度，在一定程度上缩小了柑橘供给的剩余程度。然而，从表8-11的实证结果可以看出，柑橘生产者市场上的外生变量所引起的生产者价格的缩小效应，缩小倍数为0.9769，这时生产者市场上的价格变化几乎能够反映市场上柑橘供求余缺的情况。而中间商市场及消费者市场上外生变量对价格的影响，具有明显的缩小效应，缩小倍数在 0.3~0.4，在价格上涨的时候会缩小市场的短缺程度，而在价格下降时缩小市场的剩余程度。

8.5.2 消费者市场上的价格放大效应

本章试图以柑橘消费者市场为例来验证柑橘价格是否真实反映了柑橘的实际供求情况，即验证柑橘消费者市场上是否存在放大效应。

表 8-12 中，$E(P_m/Q_m)$ 表示柑橘消费者市场在各种外生冲击下的价格放大效应参数，如果 $E(P_m/Q_m) > 1$，说明在外生冲击的影响下，消费者市场上价格的变化幅度要大于产量的变化幅度，柑橘的消费者价格具有放大效应；如果 $E(P_m/Q_m) < 1$，说明在外生冲击的影响下，柑橘的消费者价格变化幅度小于产量变化的幅度，柑橘的消费者价格具有缩小效应；另外一种特殊的情况是 $E(P_m/Q_m) = 1$，此时柑橘的消费者价格真实反映了市场上柑橘产量的变化幅度。

表 8-12 柑橘消费者市场上的价格放大效应

Table 8-12 Amplifier Effect of Farm Price in Consumer Market

项目	w_f	r_f	w_b	r_b	P_s	I
$E(P_m/Q_m)$	-0.9683	-0.9680	-0.9683	-0.9683	0.2161	0.2162

注：此表经作者整理计算得到

由表 8-12 的结果可知，不论价格变化是由柑橘消费者市场需求、生产者市场供给，还是中间商市场上投入品供给所导致，柑橘的消费者价格对于市场上柑橘产量都具有缩小效应，即柑橘消费者价格的上升幅度小于柑橘产量的变化幅度，缩小了市场上柑橘的短缺程度。另外，当外生变量引起柑橘的消费者价格下降时，柑橘消费者价格的下降幅度也小于柑橘产量的变化幅度，在一定程度上缩小了柑橘供给的剩余程度。然而，从表 8-12 的实证结果可以看出，柑橘生产者市场及中间商市场上的外生变量所引起的消费者价格的缩小效应，缩小倍数为 0.968，这时消费者市场上的价格变化几乎能够反映市场上柑橘供求余缺的情况。而柑橘消费者市场上外生变量对价格的影响，具有明显的缩小效应，缩小倍数为 0.216，在价格上涨和下跌时都不能真实地反映柑橘市场上的供给情况。

8.6 本章小结

本章对上一章中构建的中国柑橘鲜果价格形成的理论模型进行了实证研究。首先对模型所需的参数进行了设定，对于能够得到的数据进行拟合，对于很难得到的数据转而按照参数的经济学含义及其他学者的研究进行设定。通过实证研究，得到以下几个结论：

（1）对柑橘生产者价格影响最大的外生变量是柑橘生产中劳动力的价格、柑橘生产中资本的价格，其次是居民消费支出、替代品价格，影响程度较小的是投入品劳动力价格和投入品资本的价格；外生变量变化对柑橘消费者价格的影响较大的是柑橘生产中劳动力的价格、柑橘生产中资本的价格，其次是居民消费支出、投入品资本的价格，影响程度较小的是投入品劳动力价格和替代品价格。

（2）对柑橘供给量影响较大的外生变量是柑橘生产中劳动力的价格、居民消费支出，其次是柑橘生产中资本的价格、替代品价格，影响程度较小的是投入品资本的价格和投入品劳动力价格；外生变量变化对柑橘需求量的影响较大的是居民消费支出、柑橘生产中劳动力的价格，其次是替代品价格、柑橘生产中资本的价格，影响程度较小的是投入品资本的价格和投入品劳动力价格。

（3）柑橘消费者市场与生产者市场生产方面的冲击对于消费者价格的影响要普遍小于对生产者价格的影响，这主要归功于投入品对中间商企业的作用。但一旦外部冲击是由于投入品生产成本引起时，对于消费者价格的冲击要大于生产者价格，而且这种冲击是正向的。随着中间商企业市场力量的变化，所有外生冲击对消费者价格的影响都有减弱的趋势。

（4）因柑橘供给变化的冲击所导致的从柑橘从生产者价格向消费者价格传递的弹性为只有 0.7256，说明柑橘生产者市场价格波动只有七成左右可以被传递致消费者市场，柑橘生产者市场的波动幅度要远大于消费者市场的波动幅度；但因消费者需求变化的冲击所导致的从消费者价格到生产者价格之间的价格传递弹性要为 1.5926，说明消费者价格波动会被加倍传递到生产者市场，两个市场之间的价格传递是极不对称的，而且随着中间商企业在消费者市场上力量的增加，这种不对称性会逐渐扩大。

（5）在柑橘生产者市场上不存在价格放大效应，但却存在着柑橘生产者价格对柑橘产量的缩小效应。在柑橘的消费者市场上，消费者价格对于柑橘产量只有缩小效应，从实证结果可以得出我国柑橘市场上的价格变化不能真实反映市场供给量的情况。

第 9 章
中国柑橘鲜果价格预测：
2012～2020 年

本章将对我国柑橘的生产者价格进行预测，因为生产者价格是柑橘价格的起点，是其他价格的基础。通过现有的数据，预测 2012～2020 年里我国柑橘价格的走势，为生产者、中间商及消费者的经济决策提供一些参考依据。

9.1 ARIMA 模型介绍

ARIMA 模型的全称是自回归移动平均模型（autoregressive integrated moving average model，ARIMA），是由博克思（Box）和詹金斯（Jenkins）于 20 世纪 70 年代初提出的著名的时间序列预测方法，所以又称为 Box-Jenkins 模型、博克思-詹金斯法。其中，ARIMA（p，d，q）称为差分自回归移动平均模型，AR 是自回归，p 为自回归项，MA 为移动平均，q 为移动平均项数，d 为时间序列成为平稳时所做的差分次数。

ARIMA 模型的基本思想是：将预测对象随时间推移而形成的数据序列视为一个随机序列，用一定的数学模型来近似描述这个序列。这个模型一旦被识别后就可以从时间序列的过去值及现在值来预测未来值。

ARIMA 模型预测的步骤如下：①根据时间序列数据的自相关及偏自相关函数通过经验判断所选的时间序列是否为平稳序列。随后，构建 ADF 统计量，进行 ADF 单位根检验来检验序列的平稳性是否与推测一致。一般情况下，价格序列存在着上升的趋势，多数经济时间序列是不平稳的序列。②对非平稳序列进行差分处理使其变为平稳序列，统计量的构建与上一步类似。③根据时间序列模型的识别规则，建立相应的模型。模型不外乎 AR 模型、MA 模型、及 ARMA 的组合模型。其中，AR 模型、MA 模型都可认为是特殊的 ARMA 模型。④构建未知参数的统计量，对统计量的值进行检验，并对参数的值进行 95% 置信区间内的估计。⑤检验模型的显著性。若模型的残差序列为无任何记忆的、杂乱无章的白噪声序列，则可认为模型已将有用的信息提取完毕，文中所构建的 ARMA 模型是非常可靠的。⑥通过模型的计算方程式，预测未来时间序列的取值。

9.2 数据来源及说明

柑橘的生产者价格主要摘自历年的《全国农产品成本资料汇编》。从柑橘的流通过程来看，柑橘在生产阶段产生的价格叫做生产者价格（2000 年以前称之为收购价格），它是产地自由市场价格，是农民出售柑橘鲜果所得到的价格，在国外亦称之为农户价格。本章采用历年柑橘的平均收购价格来代替生产者价格。图 9-1 反映了 1950~2011 年柑橘的生产者价格波动情况。

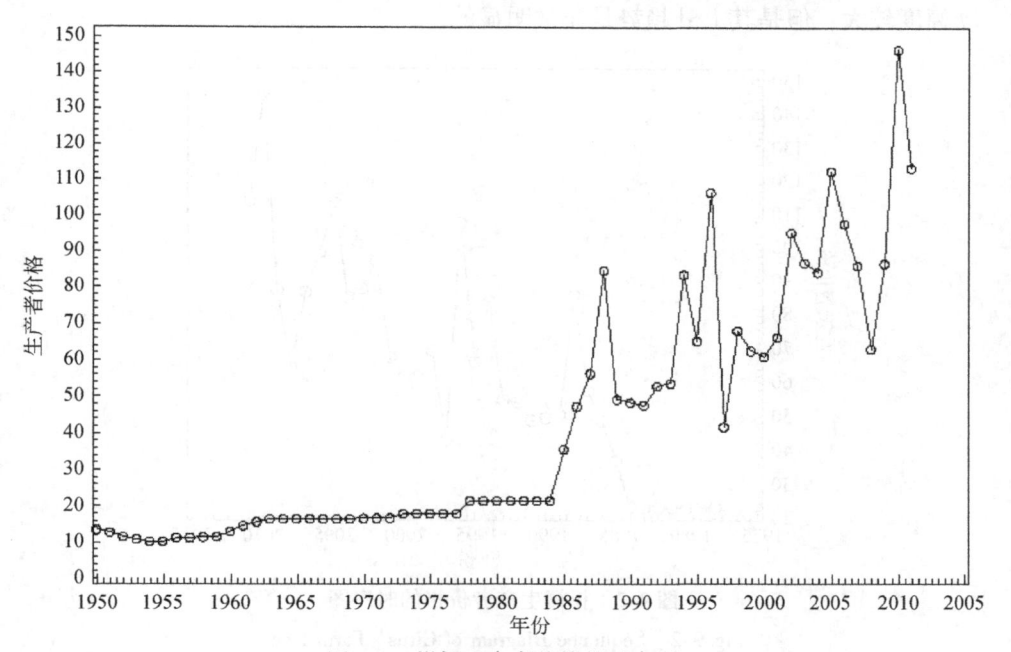

图 9-1 柑橘生产者价格的时序图
Fig. 9-1 Sequence Diagram of Cirus' Farm Price

从图 9-1 可以看出，柑橘生产者价格的时间序列图存在着明显的上升趋势。在 1985 年以前，柑橘的生产者价格变化不大，1985 年之后，国家对柑橘市场的政策逐渐放开，柑橘的价格随行就市基本上由市场来决定。虽然柑橘的生产者价格有上升趋势，波动幅度较大。当然这与我国的国情相符合，因为在 1984 年，我国柑橘市场才真正放开，1950~1984 年柑橘的价格基本上是政策价格，不能够反映市场的供需情况。因此本节欲对柑橘的市场价格进行预测，就应该排除 1950~1984 年的政策价格数据，结果才会有较高的说服力。因此，本章将选取 1985~2011 年的柑橘市场价格数据进行建模和分析，从而预测 2012~2020 年的柑橘生产者价格。

9.3 模型的估计

按照 ARIMA 模型预测的步骤，首先根据柑橘生产者价格 1985~2011 年的时序图及自相关函数图对序列的平稳性进行检验。

从图 9-2 可以看出，柑橘生产者价格的时间序列图存在着明显的上升趋势。在 1985~2011 年，柑橘的价格属于市场价格。虽然柑橘的生产者价格波动幅度较大，但是其上升趋势是非常明显的。

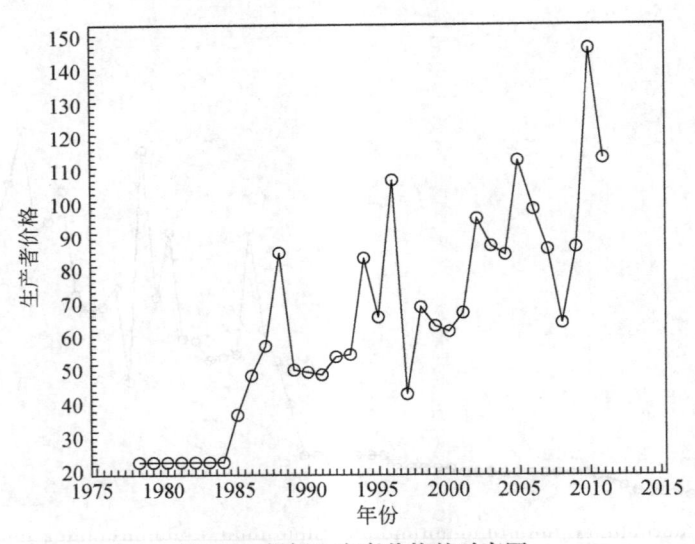

图 9-2 柑橘生产者价格的时序图
Fig. 9-2 Sequence Diagram of Cirus' Farm Price

此外，由图 9-3 中柑橘生产者价格序列的自相关图可以看出，价格序列的自相关图是拖尾的。这也证实了柑橘的生产者价格序列是不平稳的序列。

由图 9-2 和图 9-3 可知，柑橘生产者价格序列属于不平稳序列，需要对其进行差分运算。对进行一阶差分后的序列进行检验，其时序图和自相关图如图 9-4 和图 9-5 所示。

由图 9-4 可知，柑橘生产者价格的一阶差分序列的均值近似为 0，数据围绕均值上下波动。此外，由图 9-5 可知，柑橘生产者价格序列的一阶差分序列

```
                        Autocorrelations
Lag   Covariance    Correlation  -1 9 8 7 6 5 4 3 2 1 0 1 2 3 4 5 6 7 8 9 1   Std Error
 0     986.062      1.00000                           |******************|            0
 1     655.853      0.66512                           |*************     |     0.171499
 2     496.353      0.50337                       .   |**********        |     0.235446
 3     388.258      0.39375                       .   |********          |     0.265216
 4     397.409      0.40303                       .   |********          |     0.281885
 5     340.807      0.34562                       .   |*******           |     0.298352
 6     309.973      0.31435                       .   |******            | .   0.309904
 7     226.437      0.22964                       .   |*****             | .   0.319145
 8     236.580      0.23992                       .   |*****             | .   0.323969
 9     123.355      0.12510                       .   |***               | .   0.329153
10      40.367017   0.04094                       .   |*                 | .   0.330548
11      56.114202   0.05691                       .   |*                 | .   0.330698
12     -32.826478  -.03329                        .   *|                 | .   0.330985
13     -71.727499  -.07274                        .  *|                  | .   0.331084
14       2.757721   0.00280                       .   |                  | .   0.331554
15      -9.279055  -.00941                        .   |                  | .   0.331554
16     -65.555214  -.06648                        .  *|                  | .   0.331562
17     -70.733494  -.07173                        . *|                   | .   0.331954
18    -149.061     -.15117                        ***|                   | .   0.332410
19    -144.315     -.14636                        ***|                   | .   0.334425
20    -229.971     -.23322                       *****|                  | .   0.336304
21    -235.067     -.23839                       *****|                  | .   0.341028
22    -189.512     -.19219                        ****|                  | .   0.345894

              "." marks two standard errors
```

图 9-3　柑橘生产者价格序列的自相关图

Fig. 9-3　Autocorrelogram of Cirus' Farm Price

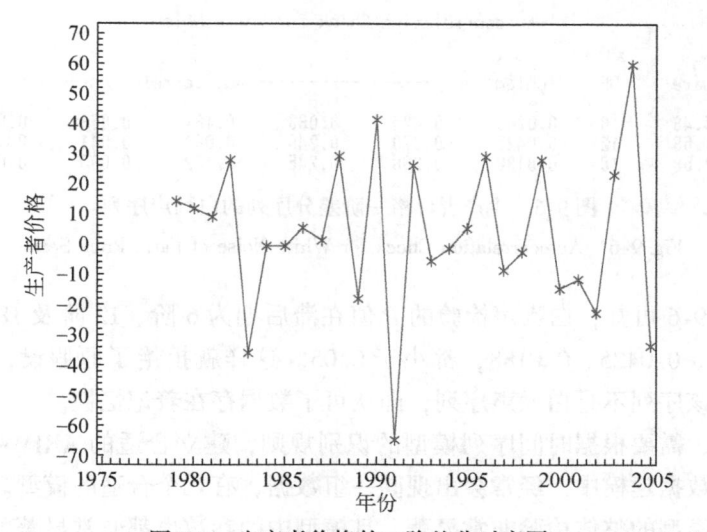

图 9-4　生产者价格的一阶差分时序图

Fig. 9-4　First Difference of Cirus' Farm Price Time Series

的自相关图是一阶一阶截尾的。种种迹象表明，柑橘生产者价格的一阶差分序列是平稳的。

```
                                    Autocorrelations
Lag    Covariance    Correlation   -1 9 8 7 6 5 4 3 2 1 0 1 2 3 4 5 6 7 8 9 1     Std Error
 0       543.721      1.00000                          |********************      0
 1      -237.101      -.43607                  ********|        .                 0.174078
 2        32.095149    0.05903              .          |*       .                 0.204518
 3       -89.409089   -.16444              .        ***|        .                 0.205034
 4        26.567093    0.04886              .          |*       .                 0.208992
 5       -51.887650   -.09543              .         **|        .                 0.209338
 6        22.872273    0.04207              .          |*       .                 0.210652
 7       -41.466408   -.07626              .         **|        .                 0.210907
 8       132.738       0.24413              .          |*****   .                 0.211741
 9       -37.795755   -.06951              .          *|        .                 0.220105
10       -22.882638   -.04209              .          *|        .                 0.220769
11        67.383091    0.12393              .          |**      .                 0.221012
12       -58.908149   -.10834              .        **|         .                 0.223108
```

"." marks two standard errors

图 9-5　柑橘生产者价格序列的自相关图

Fig. 9-5　Autocorrelogram of Cirus' Farm Price Time Series

在对平稳时间序列进行建模之前，必须检测一下平稳序列是否是白噪声序列。如果是白噪声序列，说明序列之间是纯随机的、无记忆性的。数据之间没有任何相关性。如果证明序列是非白噪声序列，则说明数据具有记忆性，数据之间存在着相互联系，具有研究的价值。

```
                     Autocorrelation Check for White Noise
To      Chi-           Pr >
Lag     Square   DF    ChiSq   --------------------Autocorrelations--------------------
 6      14.46     6    0.0249   -0.425   0.063   -0.161   0.053   -0.089    0.048
12      21.58    12    0.0425   -0.070   0.246   -0.067   -0.041   0.117   -0.105
18      32.58    18    0.0188   -0.236   0.245   -0.102   0.083    0.034    0.024
```

图 9-6　生产者价格一阶差分序列的白噪声序列

Fig. 9-6　Autocorrelation Check for White Noise of Farm Price Series

由图 9-6 可知，白噪声检验的 P 值在滞后期为 6 阶、12 阶及 18 阶时分别为 0.0249、0.0425、0.0188，都小于 0.05。这样就拒绝了原假设，接受备择假设认为该序列不是白噪声序列，即认可了数据存在着记忆性。

此外，需要根据时间序列模型的识别规则，建立合适的 ARIMA 模型。在时间序列数据建模中，经常会出现同一组数据，有几个合适的模型。而这几个模型中，模型的整体检验非常显著，且模型中的参数也都非常显著的情况。如果遇到这种问题，最合适的方法是比较所有可行模型的 BIC 统计量。因为 BIC 准则能够帮助大家在多个可行的模型中，选择一个最能够反映数据初始状态的模型。本章将根据 BIC 中的最小值来确定模型的阶数。

表9-1 ARIMA 模型定阶
Table 9-1 Model Order Estimation of ARIMA Model

Lags	MA0	MA1	MA2	MA3	MA4	MA5
AR0	6.2446	5.7292	5.8261	5.8356	5.8755	5.9333
AR1	6.0239	5.8271	5.9319	5.9415	5.9444	6.0241
AR2	6.0711	5.9058	5.9969	6.0391	6.0496	6.1266
AR3	6.0752	5.8978	5.9989	6.1002	6.1531	6.2276
AR4	6.1111	5.9992	6.1019	6.2043	6.2367	6.3317
AR5	6.1189	6.0849	6.1869	6.2680	6.1507	6.1388

注：此表经作者整理计算得到

在模型定阶过程中，列出了各种模型的 BIC 值（表9-1）。其中，BIC 的最小值为 5.729 232，出现在 AR0 和 MA1 的组合处。故最优模型中 $p=0$ 且 $q=1$，即最优的 ARIMA 模型为 ARIMA (0, 1, 1)。随后，对 ARIMA (0, 1, 1) 模型中的参数进行估计，并检验是否具有统计意义

9.4 模型的适应性及参数检验

在建立了模型之后，还要对模型进行显著性检验和参数检验，看所建的模型是否把样本信息充分提取出来了，然后再进行参数检验。

9.4.1 模型的适应性检验

模型的适应性是指一个 ARIMA 模型已经完全或基本上解释了系统的动态性（即数据的相关性），从而模型中的残差是独立的。事实上，模型的适应性检验室对残差的独立性进行检验。本章采用 Ljung-Box 方法进行检验。原假设为：残差序列为白噪声序列，序列之间相互独立，没有任何相关性。如果否定原假设，接受备择假设，则会认为残差序列是相互关联的，而且还包含了其他未提取的信息，也间接反映了模型的不合理。通过构造统计量 LB（Ljung-Box）来检验。如果拒绝原假设，就说明残差序列中还残留着相关信息，拟合模型不显著；如果没有拒绝原假设，则说明拟合模型显著有效。

由表9-2可知，残差白噪声检验的 P 值在滞后期为 6 阶、12 阶及 18 阶时分别为 0.3425、0.2256、0.0999，都大于 0.05。这样就接受原假设，认为该残差序列是白噪声序列，即认可了所构建的 ARIMA (0, 1, 1) 模型的残差序

列里的有用信息已被模型提取完全。

表 9-2 生产者价格一阶差分残差序列的白噪声序列
Table 9-2 Autocorrelation Check of Residuals Series for Farm Price

Lag	Chi-Square	DF	Pr>ChiSq	Autocorrelations					
6	5.64	5	0.3425	0.086	−0.061	−0.273	−0.169	−0.172	−0.013
12	14.14	11	0.2256	0.055	0.282	0.060	−0.043	−0.049	−0.279
18	24.77	17	0.0999	−0.314	0.084	0.053	0.169	0.164	0.077
24	31.36	23	0.1142	−0.028	−0.158	−0.137	0.096	0.071	0.085

注：此表经作者整理计算得到

9.4.2 模型的参数检验

模型的参数检验，就是要对模型所估计参数的显著性进行检验，即要检验模型中每一个未知参数是否显著非零，检验的目的可以获得最精简的模型。对模型中的参数进行检验如表 9-3 所示。本章采用 t 统计量来检验，当统计量 t 的 P 值大于 0.05 时就接受原假设认为模型中的参数为零，否则就拒绝原假设认为参数非零。

表 9-3 模型的参数检验
Table 9-3 Parameters Testing of Model

Parameter	Estimate	Standard Error	t-Value	Approx Pr>|t|	Lag
MU	2.56197	0.20657	12.40	<0.0001	0
MA1, 1	1.00000	0.13668	7.32	<0.0001	1

注：此表经作者整理计算得到

表 9-3 中，统计量 t 分别为 12.40 和 7.32，且参数的 P 值都小于 0.05，故拒绝零假设，接受备择假设认为模型的参数都非常显著。故本章的 ARIMA (0, 1, 1) 模型的方程式为

$$x_t = x_{t-1} + 2.56197 + \varepsilon_t - \varepsilon_{t-1}$$

9.5 预测结果及精度分析

可以利用已通过检验的模型进行相关的预测，预测结果如表 9-4 所示。

表 9-4 柑橘生产者价格预测：2012~2020 年

Table 9-4　The Forecast of Citrus' Producer Price from 2012 to 2020

预测年度	预测价格	标准误差	95%置信区间	
2012	108.0071	17.8193	73.0819	142.9324
2013	110.5691	17.8193	75.6439	145.4943
2014	113.1311	17.8193	78.2059	148.0563
2015	115.6931	17.8193	80.7679	150.6183
2016	118.2550	17.8193	83.3298	153.1803
2017	120.8170	17.8193	85.8918	155.7422
2018	123.3790	17.8193	88.4538	158.3042
2019	125.9410	17.8193	91.0158	160.8662
2020	128.5029	17.8193	93.5777	163.4282

注：此表经作者整理计算得到

由表 9-4 可知，2012~2020 年的柑橘生产者价格预计为 108.0071 元/50 千克、110.5691 元/50 千克、113.1311 元/50 千克、115.6931 元/50 千克、118.2550 元/50 千克、120.8170 元/50 千克、123.3790 元/50 千克、125.9410 元/50 千克及 128.5029 元/50 千克，有逐渐上涨的趋势。另外，对柑橘的原始价格及预测价格进行对比分析，结果如图 9-7 所示。

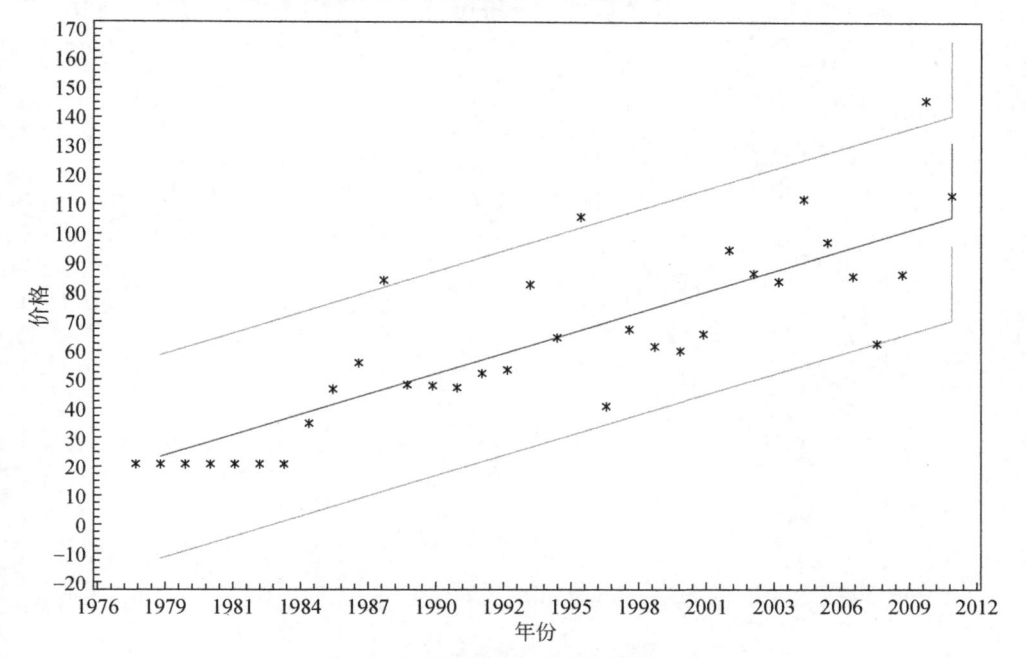

图 9-7 原始价格与预测价格对比分析

Fig. 9-7 Comparative Analysis of Original price and Forecast Price

由图9-7中，蓝色曲线是95%置信区间的上限和下限。散点图表示的是实际柑橘生产者价格，中间的红色曲线是预测的价格。由图可见，中间的预测价格区间基本上把价格数据的波动趋势勾画了出来。而且，从其他指标也可以看出，该模型对柑橘生产者价格进行的预测有较好的预测精度。

9.6 本章小结

本章使用时间序列分析中的ARIMA（p，d，q）模型对柑橘的生产者价格进行了建模及预测。通过对数据的处理，发现柑橘的生产者价格适用于模型ARIMA（0，1，1），并对该模型进行了适应性检验及参数检验。

预测结果为，未来九年里（2012～2020年）柑橘的生产者价格预计为108.0071元/50千克、110.5691元/50千克、113.1311元/50千克、115.6931元/50千克、118.2550元/50千克、120.8170元/50千克、123.3790元/50千克、125.9410元/50千克及128.5029元/50千克，有逐渐上涨的趋势。希望能够给柑橘从生产到流通最终到达消费者手中的主体，包括生产者、中间商及消费者的经济决策提供一些参考依据。

第10章 研究结论与政策启示

本书主要是对我国柑橘鲜价格的形成及影响因素进行研究,以柑橘价格为主线展开了一系列的理论及实证研究。全文共分为十个章节,其中第1章和第2章是全文的基础章节,主要介绍了本书的技术路线及研究内容,并对相关的文献资料进行了梳理;第3章从新制度经济角度回顾了我国柑橘价格体系的改革及政策变迁过程,总结了我国柑橘价格改革取得的成效及存在的问题;第4~6章主要对柑橘鲜果的价格波动特征,并从需求和供给角度研究了影响柑橘价格的主要因素;第7章和第8章是本书的核心章节,不仅构建了理想上的柑橘价格形成理论模型,并对我国柑橘市场进行了实证分析;第9章对柑橘2012~2020年的价格进行了预测;第10章是本书的落脚点,将对本书的主要结论进行整理,并提出一系列促进柑橘市场价格健康发展的对策建议。

10.1 主要结论

对全书进行总结分析,得到了如下结论。

(1) 通过分析1949年至今我国柑橘价格体制的变迁过程,发现我国的柑橘价格发展经历了五个不同的阶段。市场开放后,柑橘的种植面积不断扩大、产量剧增、种植户收入提高、种植技术提升及柑橘产业链延伸等,但也存在一定的问题,如市场价格起伏较大,质量参差不齐、管理难度大等。上述分析说明柑橘价格交由市场来决定效果是明显的。然而,市场这只看不见的手有时也会失灵。因此,在适当的时候,政府可以从宏观上加强指导和协调,才能兼顾生产者、中间商及消费者三者的利益,稳定地促进柑橘产业的发展。

(2) 对我国柑橘鲜果1950~2011年的名义生产者价格及实际生产者价格波动规律进行分析,发现名义生产者价格波动非常剧烈,而剔除通货膨胀因素后的实际生产者价格在60多年来变化非常平缓,波动并不大。

(3) 利用H-P滤波法对我国柑橘的实际生产者价格进行去势分析,发现我国柑橘价格具有较为明显的周期性波动特征。此外，通过"波峰—波峰"判别法可以将柑橘鲜果价格波动分为6个完整的周期，即第一周期为1978~1988年，第二周期为1989~1994年，第三周期为1995~1996，第四周期为1997~2002年，第五周期为2003~2005年，第六周期为2006~2010年。通过对6个波动周期的分析，发现我国柑橘的价格的平均波动周期为5.7年，波动周期具有不可重复性和非对称性。

（4）从供给角度研究柑橘价格实际上是研究柑橘的生产者价格。从理论上分析影响柑橘生产者价格的因素有生产成本、柑橘总产量、自然灾害、净出口量、出口价格等。本书通过通径分析方法进行实证分析，从总作用、直接作用、间接作用及偏相关系数等方面对柑橘生产者价格及其影响因素之间的关系进行了实证研究。研究发现五个主要影响因素对生产者价格作用的大小及方向与预期基本相符。其中，柑橘生产成本、柑橘净出口量、出口价格对生产者价格的直接作用系数较大；柑橘净出口量、柑橘总产量、受灾面积对生产者价格的间接作用系数较大；而生产成本、出口价格及净出口量的偏相关系数较大；生产成本、受灾面积及总产量的综合作用系数较大。

（5）从需求角度研究柑橘价格实际上是研究柑橘的消费者价格。从理论上分析，影响柑橘消费者价格的因素主要有城市化进程、消费者收入水平、宏观经济发展水平、物价水平、替代品价格、人口数量及突发事件冲突等。采用VAR模型对这些因素及柑橘消费者价格之间的关系进行了探讨。结果显示，柑橘消费者价格的波动除受自身的影响外，还受到苹果价格、香蕉价格、CPI、GDP、城镇居民人均可支配收入、总人口及城市化水平等因素的影响。在各影响因素的平稳序列对柑橘价格序列的冲击下，城镇居民人均可支配收入对消费者价格的影响最大，其次是CPI，位居第三位的是苹果的价格，对柑橘消费者价格影响较小的是城市化进程和香蕉的价格。

（6）构建了一个完全竞争市场下柑橘价格形成的理论分析框架。该模型构建了柑橘生产者市场、中间商市场及消费者市场均衡，可以在理论上测算出生产者市场、中间商市场及消费者市场上的外生变量冲击对内生变量的影响程度。通过对我国柑橘市场的参数进行拟合，代入理论模型中得到以下结论：

第一，对柑橘生产者价格影响作用最大的外生变量是柑橘生产中劳动力的价格、柑橘生产中资本的价格，其次是居民消费支出、替代品价格，影响程度较小的是投入品劳动力价格和投入品资本的价格；外生变量变化对柑橘消费者价格的影响较大的是柑橘生产中劳动力的价格、柑橘生产中资本的价格，其次是居民消费支出、投入品资本的价格，影响程度较小的是投入品劳动力价格和替代品价格。

第二，对柑橘供给量的影响较大的外生变量是柑橘生产中劳动力的价格、居民消费支出，其次是柑橘生产中资本的价格、替代品价格，影响程度较小的是投入品资本的价格和投入品劳动力价格；外生变量变化对柑橘需求量的影响较大的是居民消费支出、柑橘生产中劳动力的价格，其次是替代品价格、柑橘生产中资本的价格，影响程度较小的是投入品资本的价格和投入品劳动力价格。

　　第三，柑橘消费者市场与生产者市场生产方面的冲击对于消费者价格的影响要普遍小于对生产者价格的影响，这主要归功于投入品对中间商企业的作用。但一旦外部冲击是由于投入品生产成本引起时，对于消费者价格的冲击要大于生产者价格，而且这种冲击是正向的。随着中间商企业市场力量的变化，所有外生冲击对消费者价格的影响都有减弱的趋势。

　　第四，因柑橘供给变化的冲击所导致的从柑橘从生产者价格向消费者价格传递的弹性为只有 0.7256，说明柑橘生产者市场价格波动只有七成左右可以被传递到消费者市场，柑橘生产者市场的波动幅度要远大于消费者市场的波动幅度；但因消费者需求变化的冲击所导致的从消费者价格到生产者价格之间的价格传递弹性为 1.5926，说明消费者价格波动会被加倍传递到生产者市场，两个市场之间的价格传递是极不对称的，而且随着中间商企业在消费者市场上力量的增加，这种不对称性还有扩大的趋势。

　　第五，在柑橘生产者市场上不存在价格放大效应，但却存在着柑橘生产者价格对柑橘产量的缩小效应。而在柑橘的消费者市场上，消费者价格对于柑橘产量也只有缩小效应，这个结论与之前学者的推测相反。从实证结果可以得出我国柑橘市场上的价格变化不能真实反映市场供给量的情况。

　　(7) 对柑橘生产者价格进行预测，试图为柑橘从生产到消费领域的主体包括生产者、中间商及消费者的经济决策提供一些参考依据。预测结果为：九年里（2012～2020 年）柑橘的生产者价格预计为 108.0071 元/50 千克、110.5691 元/50 千克、113.1311 元/50 千克、115.6931 元/50 千克、118.2550 元/50 千克、120.8170 元/50 千克、123.3790 元/50 千克、125.9410 元/50 千克及 128.5029 元/50 千克，并有逐渐上涨的趋势。

10.2　政策启示

　　根据前面的研究，要想稳定柑橘市场价格，促进柑橘产业的健康发展，必须从以下几个方面加以努力。

10.2.1 从柑橘生产者入手，提高柑橘生产者的组织化程度

随着农村经济体制改革的深化和生产力的发展，柑橘生产者面临的困境如下：①柑橘总量的增加和市场竞争的加剧，导致小规模、分散化的果农在市场经济条件下自我积累、自我发展能力弱，加剧了柑橘产品市场的剧烈波动，导致农业贸易条件恶化，柑橘生产者迫切需要加强技术信息服务；②柑橘产业结构调整，规模经营和专业分工的发展，果农迫切需要加强社会化服务；③柑橘产业比较效益低下，服务组织缺乏，使农民分化和要素流动受阻，农民增收困难，迫切需要一种载体能够带领他们直接进入市场；④柑橘产业面临自然和市场两个风险，果农迫切需要建立一种能够保护自身利益的互助组织。

前述问题和矛盾的产生，表明柑橘产业的发展迫切需要微观经济组织的创新。正是在这种背景下，各种类型的农村合作经济组织便应运而生。新时期想要加快柑橘产业的快速发展，有效增加农民收入，就要大力发展农村合作经济组织，提高柑橘生产者的组织化程度。

提高柑橘生产者的组织化程度，以缓解目前千家万户分散的小生产与千变万化大市场的矛盾，在一定程度上促进了农村合作经济组织的发展。农村合作经济组织的建立，有利于实现小生产与大市场的对接，促进生产要素的流动与组合，是提高农民组织化程度和谈判地位、确保农民收入稳定增长的重要举措。

我国于2007年颁布了《农民专业合作社法》，提倡农民加入专业合作社，不仅促进了柑橘农民专业合作社的发展，也为稳定柑橘鲜果的价格起了较好的铺垫作用。实践证明，农村合作经济组织较好地解决了农村经济发展中的一些难点问题，它是在市场经济条件下，农民主导农业生产方式上的体制创新和组织创新，在推动农业和农村经济发展方面显示了巨大的前景和作用。

政府在鼓励果农加入农民专业合作组织的同时，必须从以下方面加以引导：

（1）鼓励地方政府因地制宜地加以引导，摸清柑橘生产者的基本意愿，尊重柑橘生产者的想法，以增加柑橘生产者收入为目标，在农户自主经营的基础上，对合作组织资金、技术、生产、供销等方面的联合与合作加以适当帮助和扶持，以期加快农户建立农民专业合作组织。

（2）鼓励采取多种形式发展农村合作经济组织。在实践中，农村合作经济组织的构建可以完全是农民自办，也可以是国家技术经济部门、事业单位与农民联办，也可以是涉农企业、公司与农民联办。合作组织的发展方向是由官

办引导逐步走向民办，龙头企业可以牵头，政府部门、供销社乃至科技人员和流通骨干也可以牵头，但最终必须将合作组织的最高决策权交给农民。

（3）搞好试验示范和典型引路。要因地制宜，选择适合本地域发展的模式，培植典型、积累经验、探索路子。要善于从现有合作经济组织的实践中总结经验，围绕柑橘产业建立健全各类专业性合作社及农业产业化联合组织，围绕出口、加工企业和当地市场，重点发展专业合作社。

（4）努力营造加快农村合作经济组织发展的外部环境。外部环境的好坏优劣直接关系到农村合作经济组织能否健康顺利发展。农村合作经济组织是一项新生事物，目前尚处于起步阶段，需要积极引导和扶持。需要政府制定相关扶持政策，如信贷政策、税收政策、土地使用政策等，为其发展提供强有力的政策支持。

10.2.2 规范柑橘流通的中间商市场，缩短柑橘流通的时间

目前来说，我国柑橘的流通体制过于复杂，流通主体太多，流通链条过长，导致柑橘产品的销路并不畅通。柑橘的中间商也很多，包括经纪人、经销商、批发商、加工企业等。随着经济的快速发展，"成本挤压"的重点，正在从余地越来越有限的柑橘生产环节向柑橘流通环节转移。这种情况改变了以前人们对柑橘产品成本的认识，柑橘的时间成本和生产成本已经慢慢被流通时间和流通成本所取代。而流通成本的增加和流通链条的长短，中间商市场的规范如否有着紧密的关系。

柑橘中间商处于柑橘从田间到消费者手中的过渡环节，主要负责柑橘产品的流通和运输环节。近年来，柑橘流通环节所花费的先期投入、经营成本和人工成本也有逐年上涨的趋势。

为了缩短柑橘流通的时间，要规范柑橘的中间商市场，提升市场的准入原则。统计资料显示，我国约有70%的柑橘在流通过程中经由批发市场进入消费者市场，而我国批发市场大多是企业经营的模式，属于私有性质。通常，批发市场部直接经营买卖商品，只提供交易场所和相关服务，收取相应的费用。这种情况下，批发市场势必会推出各种名目的费用，提高柑橘的交易成本，并不能像其他国家一样，对柑橘市场的供给和需求进行适当的调节。批发市场的职能有限在一定程度上导致了农产品中间商市场的复杂和混乱。因此，政府应该加大对中间商市场的整治，尤其是对批发市场的改造，将一些条件允许的批发市场改造成公益性质的批发市场，对农产品的聚集和分散进行适当地调节，尽量缩短产品到达消费者手中的时间，缩短流通链条，从而节约流通时间。

此外，对于其他的中间商，如经纪人、经销商、批发商、加工企业等，应该进行市场规范，提升它们进入市场的准则。鼓励相同类型的中间商进行各种联合或者合作，扩大自身的能力，加快柑橘的流通速度。政府也应该加大对中间商市场的扶持力度，在中间商的用地、税费、贷款等方面采取适当的优惠政策，扶持柑橘流通中间商市场的建设与发展，从而缩短柑橘在流通环节的时间。

　　此外，政府要加强柑橘流通市场的基础设施建设，包括交通通信基础设施建设、冷库建设、加工配送中心建设等。这样可以减少柑橘在中间商市场的流通损耗。总之，秩序井然的中间商市场不仅能够给终端消费者提供更多的柑橘产品，更能够减少流通环节、缩短流通的时间，从而降低终端市场的价格。

10.2.3　减少柑橘流通中的行政干预，减免流通环节费用

　　柑橘的消费者价格偏高的主要原因是柑橘在流通环节的费用过高，计入了柑橘的生产成本之中，最终由消费者来承担。然而，流通环节的费用高，除了运输、管理等费用较高之外，另一个不容忽视的问题就是柑橘流通过程中的行政管理费用也很高。

　　我国柑橘产品流通中行政管理分散，体制性约束较多，降低了柑橘产品的流通效率。据了解，与柑橘产品生产、流通及销售环节有直接联系的行政单位就有农业部、商务部、发改委、交通运输部等，对市场的监督部门包括工商总局、质检总局、商务部、卫生部等。这些部门或多或少在柑橘的生产、流通及消费环节有一定的管辖权。多部门的管理，不仅增加了管理成本，还延长了流通的时间，增加了流通的成本。

　　在我国，流通市场上行政管理的分散，也增加了交易成本。因此，为了避免政府管理越位和缺位的现象，我国应该建立统一的农产品管理体制，明确管理部门的权责，提高流通效率和行政管理效率。此外，政府应该制定相关的法律法规，减轻流通企业的税收负担。要准确地执行积极的、有利于农产品产业发展的运输政策，对农产品市场和流通中各个环节的收费情况进行严格把关。对阻碍柑橘运输的各种不合理政策进行坚决的取缔，从而降低柑橘的流通成本，提高柑橘的流通效率，进而稳定柑橘市场价格。

　　因此，未来社会各界和政府部门应该创造有利于发挥农产品流通的公平竞争的环境条件，尊重他人的合法权益，减轻不合理的税费负担，降低行政性各项成本。只有这样，柑橘产业才能够健康发展。

10.2.4 建立完善的信息发布平台，加强流通主体间的信息沟通

我国柑橘生产、流通、消费环节的各主体之间缺乏统一的信息共享平台，柑橘供应链的各节点企业间不能进行有效的信息沟通，在一定程度上，阻碍了柑橘产品流通效率的提高。信息平台的缺失，容易导致市场供需信息的失真，致使果农盲目生产。目前，虽然我国农业部每天都会公布农产品价格信息，但是由于政府公布的信息过于宏观，缺乏与生产的有效对接，实际的指导意义并不强。

建议在我国设立权威部门专门进行柑橘价格信息的汇总、综合分析等工作，再通过专家分析预测形成更高级的信息向生产者群体发布，来避免柑橘种植户的盲目生产。此外，在一些关键的流通节点，如批发市场、龙头企业、大型超市中建立农产品价格日报，在权威网站上适时更新各节点上柑橘的供求信息，加强生产者、中间商及消费者的信息共享。

此外，大力发展电子商务，最大限度地依靠信息技术和体制创新来解决各种供求信息不对称及其带来的交易成本过高的问题，是解决目前困境的有效途径。因此，加强公共信息服务，完善城乡市场统计监测体系，进一步健全监测指标系统、信息采集系统、信息加工系统、信息储存系统和信息发布系统，提高市场监测、预测预警分析和公共信息服务能力势在必行。

对于柑橘主产区，可以在农业部现有信息发布工作的基础上，广泛吸收和利用现有的农产品专业网站及信息服务资源，建立统一权威的柑橘产品市场信息发布平台，可以细分到柑橘市场价格日报、柑橘市场价格周报、柑橘市场价格月报等。相信完善的信息发布平台能够为柑橘产业的发展增色不少。

10.2.5 加强柑橘产业的标准化建设，减少流通交易成本

柑橘流通的过程要经历诸多环节，柑橘的物质形态和新鲜度等指标都可能发生巨大变化。因而在柑橘产品的交易中，买卖双方必须不断地针对柑橘的质量等级、规格等多个指标进行磋商和讨论。目前，我国还没有一个基于市场共识的交易规则和系统标准，无法实现现代化的结算、交割、第三方物流仓储等多元服务，能够提升交易效率的电子商务手段也无法在柑橘流通产业得以实现。柑橘产品流通标准化缺失，增加了流通成本，延长了流通时间，导致了柑橘流通效率的低下。

一套让交易各方都能认可的标准，可以提高柑橘产品的交易效率。柑橘产

业的标准化建设涉及两方面的内容：一是对柑橘流通的标准化管理，包括对柑橘分为几个大的部分进行分别管理，主要包括检测、加工、安全、等所经历的环节进行标准化管理；二是对柑橘生产及交易环节的标准化。目前我们国家的标准不够严格，需要大范围的调整和改进。我国政府可以借鉴其他国家的处理方式，对柑橘的种类、规格、质量、出货标准、储藏等各个环节进行规范。而一旦制定了相应的制度，就需要严格遵守，有关部门可以对其进行管控，从而保证柑橘市场的规范性，减少流通过程中的交易成本。

10.2.6 设计合理的主体利益分享机制，保障柑橘生产者的利益

目前，我国柑橘供应链上的利益分配不合理，削弱了供应链中主体间的联系。协调产业链利益分配机制的实质，就是链条上各个成员利益目标的一致性和利益分配的合理性。柑橘的终端零售价格常常是收购价格的很多倍，而价格差主要被柑橘流通中间环节的企业或个人所获得，农民并没有从中获利。因此，现有的柑橘供应链将柑橘果农排除在了农产品的流通体系之外，使得农户的利益得不到保障。很显然，这样的供应链是不稳定的，也是不公平的。生产者的利益长期得不到保障，不仅会增加社会矛盾，而且也不利于柑橘产业的发展，还可能打击果农的生产积极性，造成供应链的断裂，成为流通效率低下的根源。

柑橘产业要想健康发展，稳定市场价格，所有参与主体必须有合理的利益分配机制，能够实现多边共赢合作才可以实现。目前，要想保障柑橘供应链前端处于弱势地位的农民利益，需要将其纳入到现代流通体系中，重新设置利益分配机制，尤其要设计柑橘从销售到生产环节的返利机制。政府应该鼓励橘农加入农业合作组织，以合作社经营为主要模式，建立将终端市场利用合理分配和返回给果农的制度，让果农能够切实感受到利益。只有这样，才能调动农民的生产积极性，保证柑橘生产的延续性。

参 考 文 献

卜轶彪. 2004. 中国小麦市场流通的变化与趋势. 中国农业科学院硕士学位论文.
蔡荣. 2008. 农产品市场价格形成机制理论与实证分析. 华中农业大学硕士学位论文.
曹慧. 2007. 我国小麦市场价格形成研究. 中国农业大学博士学位论文.
陈灿煌. 2010. 我国小宗农产品价格大幅波动的原因、影响及对策. 价格理论与实践, (9): 15-16.
陈灿煌. 2011. 我国农产品价格指数短期预测——基于时间序列分解的分析. 价格理论与实践, (7): 55-56.
陈新建, 曾继吾, 金燕. 2009. 广东省柑橘产量与价格波动的实证研究. 中国热带农业, (5): 30-33.
陈永福, 等. 2011. 中国生猪价格发现形成机制研究——基于区域间价格关系的实证分析. 中国农业科学, 44 (15): 3279-3288.
程国强, 徐雪高. 2009. 改革开放以来我国农产品价格波动的回顾. 重庆工学院学报 (社会科学版), (4): 1-3.
程瑞芳. 2007. 我国农产品价格形成机制及波动效应分析. 中国流通经济, (3): 22-24.
崔利国. 2013. 基于混沌神经网络模型的我国蔬菜价格短期预测研究. 中国农业科学研究院硕士学位论文.
邓军蓉. 2005. 我国柑橘商品化处理问题研究. 华中农业大学硕士学位论文.
邓攀. 2010. 安徽省生猪市场价格波动成因分析及对策. 安徽农业大学硕士学位论文.
董小麟, 奥媛. 2008. 当前我国价格传导特点的实证分析. 价格理论与实践, (9): 22-24.
董晓霞, 许世卫, 李哲敏等. 2011. 完全竞争条件下的中国生鲜农产品市场价格传导——以西红柿为例. 中国农村经济, (2): 22-32.
傅晓, 牛宝俊. 2009. 国际农产品价格波动的特点、规律与趋势. 中国农村经济, (5): 87-96.
高小蒙, 向宁. 1992. 中国农业价格政策分析. 杭州: 浙江人民出版社.
顾国达, 方晨靓. 2010. 中国农产品价格波动特征分析——基于国际市场因素影响下的局面转移模型. 中国农村经济, (6): 67-76.
顾国达, 方晨靓. 2011. 农产品价格波动的国内传导路径及其非对称性研究. 农业技术经济, (3): 12-20.
顾国达, 方晨靓. 2012. 国际农产品价格波动成因研究述评. 华中农业大学学报 (社会科学版), (2): 11-17.
顾海兵, 周智高, 王晓丽. 2005. 对我国价格传导过程的实证分析. 价格理论与实践, (4): 37-38.
郭利京, 胡浩, 张锋. 2010. 我国猪肉价格非对称性传递实证研究——基于产业链视角的考察. 价格理论与实践, (11): 52-53.
何劲, 祁春节. 2008. 我国柑橘价格机制存在的问题及对策研究. 价格理论与实践, (8):

34-35.

何劲，祁春节．2009．柑橘价格形成与利润分配的实证研究——以宜昌柑橘为例．西北农林科技大学学报（社会科学版），（6）：36-43．

何新华．2006．中国价格指数间的关系研究．世界经济，（4）：31-36．

胡华平，李崇光．2010．农产品垂直价格传递与纵向市场联结．农业经济问题，（1）：10-17．

黄赜琳．2004．非线性非均衡蛛网模型的动态分析．数学实践与认识，（3）：40-45．

蒋乃华，辛贤，尹坚．2002．我国城乡居民畜产品消费的影响因素分析．中国农村经济，（12）：48-54．

蒋乃华．1998．中国粮食生产与价格波动研究．南京农业大学博士学位论文．

柯炳生．1995．中国粮食市场与政策．北京：中国农业出版社．

李秉龙，何秋红．2007．中国猪肉价格短期波动及其原因分析．农业经济问题，（10）：10-14．

李干琼，许世卫，孙益国等．2011．中国蔬菜市场价格短期波动与风险评估．中国农业科学，（7）：1502-1511．

李娜．2013．我国蔬菜价格波动的影响因素研究．山东农业大学硕士学位论文．

李宁．2010．哈萨克斯坦粮食价格形成机制分析．世界地理研究，19（4）：40-46．

李圣军，李素芳，孔祥智．2010．农业产业链条价格传递机制的实证分析．技术经济，（1）：108-112．

李蔚青．2011．近年世界柑橘贸易结构及中国柑橘出口形势展望．农业展望，（6）：51-54．

刘芳，何忠伟．2012．中国鲜活果蔬产品价格波动与形成机制研究．北京：中国农业出版社．

刘芳，王琛，何忠伟．2012．果蔬产品产销间价格传导机制研究．农业技术经济，（1）：99-108．

刘汉成，夏亚华．2011．现阶段农产品价格波动的实证分析与政策建议．生态经济，（7）：117-120．

刘汉成，夏亚华．2011．现阶段农产品价格波动的实证分析与政策建议．生态经济，（7）：117-120．

刘庆元，王天春．1998 市场价格理论与实务．大连：东北财经大学出版社．

刘文俊．2012．中国柑橘产品出口结构及其风险研究．华中农业大学硕士学位论文．

刘洋，冯玉强，邵真．2009．基于与决策树算法的在线拍卖成交价格预测模型．系统工程理论与实践，（12）：134-140．

刘铮．2012．中国柑橘产业国际竞争力动态——基于出口和成本的分析．武汉：华中农业大学硕士学位论文．

隆国强．1998 大国开放中的粮食流通：1953—1996年中国粮食价格分析．北京：中国发展出版社．

卢现祥．2011．为什么中国会出现制度"软化"？——基于新制度经济学的视角．经济学动态，（9）：44-48．

鲁晓旭，张劼．2010．基于蛛网模型理论的柑橘生产和价格波动分析．农村经济，（8）：60-

62.

吕建兴, 等. 2010. 突发事件对柑橘流通的影响机理及其对策——以 2008 年雪灾冻害、柑橘大实蝇事件为例. 华中农业大学学报（社会科学版），(6)：46-51.

吕建兴, 潘传快, 祁春节. 2010. 突发事件对柑橘流通的影响机理及其对策——以 2008 年雪灾冻害、柑橘大实蝇事件为例. 华中农业大学学报（社会科学版），(6)：46-51.

吕杰, 綦颖. 2007. 生猪市场价格周期性波动的经济学分析. 农业经济问题，(7)：89-92.

罗锋, 牛宝俊. 2009. 国际农产品价格波动对国内农产品价格的传递效应——基于 VAR 模型的实证研究. 国际贸易问题，(6)：16-22.

罗锋, 牛宝俊. 2011. 入世以来我国农产品价格波动之原因考察. 江西财经大学学报，(05)：78-86.

罗军. 2006. 我区生猪价格波动趋势. 广西畜牧兽医，(5)：198-199.

南兰. 2006. 我国物价周期波动的实证分析. 东北财经大学硕士学位论文.

欧阳晓明, 周小华. 1990. 我国生猪生产需求模型和系统分析. 数量经济技术经济研究，(4)：64-69.

祁春节. 2001. 中国柑橘产业的经济分析与政策研究. 华中农业大学博士学位论文.

綦颖, 吕杰. 2007. 关于中国生猪产业的周期波动问题探析. 农业现代化研究，(5)：567-57.

綦颖, 宋连喜. 2006. 生猪市场价格周期性波动的原因分析与缓解对策. 中国畜牧杂志，(16)：11-14.

盛仁斌, 徐海. 1999. 要素价格扭曲的就业效应研究. 经济研究，(5)：68-74.

税尚楠. 2008. 世界农产品价格波动的新态势：动因和趋势探讨. 农业经济问题，(6)：14-19.

孙继湖, 彭建萍. 2000. 时间序列分析技术在煤炭价格预测中的应用. 地质技术经济管，(3)：33-40.

孙晓莹, 李晓静. 2012. 数据挖掘在股票价格组合预测中的应用. 计算机仿真. (7)：375-378.

汪晓银. 2007. 中国柑橘市场预警研究. 华中农业大学硕士学位论文.

王川, 阎晓军, 王志军等. 2011. 产销两地农产品市场价格传导关系的研究——以京冀两地蔬菜市场为例的实证分析. 中国农学通报，(11)：161-169.

王洪清, 沈建超, 祁春节. 2013. 交易成本、贸易空间和收购价格的决定分析——以湖北省柑橘市场为例. 华中农业大学学报（社会科学版），(6)：40-43.

王军, 杨富春. 2006 蛛网模型收敛的一些充要条件. 经济数学，(4)：364-369.

王琳琳. 2013. 国内外大宗农产品价格波动的传导机制研究. 华侨大学硕士学位论文.

王珊珊. 2013. 农贸市场蔬菜零售价格形成问题研究——基于零售商视角. 华中农业大学硕士学位论文.

王秀清, 等. 2007. 纵向关联市场间的价格传递. 经济学（季刊），(3)：885-898.

王耀德, 王忠诚. 2011. 当前国内城市食品价格波动实证研究——基于因子分析模型的探讨食品价格波动差异. 价格理论与实践, (12): 53-54.

王兆阳, 辛贤. 2004. 大国开放条件下棉花市场价格决定研究. 中国农村观察, (3): 36-43.

武拉平. 2000. 农产品地区差价和地区间价格波动规律研究——以小麦、玉米和生猪市场为例. 农业经济问题, (10): 54-58.

辛贤, 谭向勇. 2000. 农产品价格的放大效应研究. 中国农村观察, (1): 52-57.

辛贤. 1998 生猪和猪肉价格形成研究. 中国农业大学博士学位论文.

辛毅. 2003. 中国主要农产品的完全生产成本及其对农产品贸易的含义 中国农业大学博士学位论文.

辛毅. 2006. 农业生产成本与农村基础设施建设相关性的理论与实证分析. 价格理论与实践, (7): 46-47.

邢鹂, 钟甫宁. 2004. 粮食单产波动与政策性农业保险制度. 新疆大学学报（社会科学版）, (3): 18-20.

许世卫, 李哲敏, 董晓霞, 等. 2010. 中国农产品在产销间价格传导机制研究. 资源科学, (11): 2092-2099.

许世卫, 李哲敏, 董晓霞, 等. 2012. 农产品价格传导机制研究的集成模型——链合模型. 中国物价, (1): 37-41.

许世卫, 李哲敏, 李干琼, 等. 2011. 农产品市场价格短期预测研究进展. 中国农业科学, (17): 3666-3675.

许咏梅, 苏祝成. 2007. 中国茶叶生产成本——出口价格的国际比较分析. 世界农业, (3): 27-29.

杨丽. 2011. 影响国内农产品价格波动的因素及其趋势分析. 现代财经（天津财经大学学报）, (5): 41-47.

杨咸月. 2006. 国内外期铜市场互动及其价格波动关系研究. 财经研究, (7): 98-108.

姚寿福. 2012. 我国农产品批发价格指数与 CPI 协整关系分析. 经济体制改革, (1): 97-101.

殷传麟, 周兵兵. 1997. 生猪价格: 波动与抗波动. 价格理论与实践, (4): 19-22.

余学军. 2006. 中国柑橘产业国际竞争力研究——基于"钻石"模型的分析. 惠州学院学报（社会科学版）, (4): 29-32.

余艳峰, 祁春节. 2006. 中国甜橙产业发展现状及对策. 世界农业, (4): 21-23.

喻翠玲, 冯中朝. 2006. 我国粮食生产的波动性及其影响因素分析. 农业现代化研究, (1): 7-10.

袁华伟, 王成璋, 张颖. 2011. 我国食糖价格波动原因分析及对策建议——2010 年下半年食糖价格波动情况. 价格理论与实践, (1): 36-37.

袁学国等. 2001. 中国畜产品生产统计数据被高估了吗? ——来自中国六省的畜产品消费调查. 中国农村经济, (1): 48-54.

翟继蓝. 1999. 我国禽蛋产量波动及原因分析. 调研世界, (12): 44-45.

占绍文，冯中朝，等. 2008. 浅析粮食价格变动对粮食播种面积的影响. 内蒙古大学学报（哲学社会科学版），（9）：54-58.

张利庠，张喜才. 2011. 外部冲击对我国农产品价格波动的影响研究. 管理世界，（1）：71-81.

张小栓，傅泽田，穆维松. 2004. 1978—2000年我国水产品零售价格波动的周期性研究. 农业系统科学与综合研究，（11）：277-280.

张永生. 2008. 农产品价格上涨的几个理论问题. 发展研究，（11）：13-15.

张玉，赵玉，祁春节. 2007a. 世界柑橘贸易格局分析. 世界农业，（12）：26-29.

张玉，赵玉，祁春节. 2007b. 中国柑橘产业可持续发展制约因素与对策. 中国热带农业，（5）：10-11.

张玉，赵玉，祁春节. 2007c. 加入WTO后中国水果出口竞争力追踪研究. 中国果业信息，（5）：1-4.

张正，吕杰，姜楠. 2006. 我国禽肉价格波动及影响因素分析. 农业技术经济，（1）：76-78.

章胜勇，祁春节. 2008. 我国柑橘鲜果滞销的原因及对策分析. 华南农业大学学报（社会科学版），（7）：75-83.

赵革，黄国华. 2005. 国际市场到国内市场的价格传导链分析. 统计研究，（7）：28-30.

赵燕蓍. 2007. 基于科斯定理的价格理论修正. 厦门大学学报（哲学社会科学版），（1）：30-38.

赵玉，张玉，祁春节. 2008. 园艺产品出口影响因素的新政治经济学解析. 生态经济，（1）：92-95.

郑华，张福权. 2005. 我国养猪业市场的波动与分析. 动物科学与动物医学，（11）：15-18.

郑毓盛，曾澍基，等. 1993. 中国农业生产在双轨制下的价格反应. 经济研究，（1）：16-25.

中国人民银行课题组. 2011. 我国农产品价格上涨机制研究. 经济学动态，（3）：4-10.

周明剑. 2008. 农产品价格上涨：当前通货膨胀的根源. 中国发展观察，（4）：20-21.

周世新，罗忠洲. 2010. 汇率波动对国内物价的影响——文献综述. 生产力研究，（12）：27-29.

周曙东，戴迎春. 2005. 供应链框架下生猪养殖户垂直协作形式选择. 中国农村经济，（6）：30-34.

周曙东. 2001. 中国棉花长期波动的规律及深层次原因. 农业经济问题，（6）：44-48.

周望军，葛建营，宋海明，等. 2006. 价格传导问题研究. 中国物价，（7）：29-38.

周小云，李华耕. 2008. 价格传递机制的经济学分析——以中国物价变动为例. 经济论坛，（9）：28-31.

朱小梅，郭志钢. 2011. 石油价格预测算法的仿真研究. 计算机仿真，（6）：361-364.

祝年贵. 2001. 两种价格理论内涵的对比分析. 经济体制改革，（4）：98-99.

Anders S. 2008. Measuring market power in German Food Retailing: evidence from state-level data. Atlanta Economic Journal, 36 (4): 441-454.

Anderson R W. 1980. Some theory of inverse demand for applied demand analysis. European Economic Review, (14): 281-290.

Anderson. 1974. The analysis of consumer demand in the United Kingdom. Econometrica, (42): 341-367.

Apergis N, Reziti A. 2003. Mean spillover effects in agricultural prices: the case of Greece. Agribusiness, (19): 25-437.

Azzam A M. 1992. Testing the competitiveness of food price spreads. Journal of Agricultural Economics, 43 (2): 248-256.

Azzam A M. 1999. Asymmetry and rigidity in farm-retail price transmission. American Journal of Agricultural Economics, (81): 525-533.

Bacchetta P, Wincoop E V. 2001. Does exchange rate stability increase trade and welfare? American Economic Review, 90 (10): 1093-1109.

Bakucs L Z, Ferto I Odblac. 2009. Marketing margins and price transmission in a transition country——the case of the Hungarian pork market. The Agricultural Economics Society and the European Association of Agricultural Economists, 8 (3): 14-19.

Bakucs L Z, Ferto I, Szabo G G. 2007. Price transmission in the Hungarian vegetable sector. Studies in Agricultural, (106): 23-39.

Bakucs L Z, Ferto I. 2005. Marketing margins and price transmission on the Hungarian pork meat market. Agribusiness, 21 (2): 273-286.

Bakucs L Z, Ferto I. 2006. Marketing margins and price transmission on the Hungarian beef market. Acta Agriculture Scand Section C, 3 (3-4): 151-160.

Bakucs L Z, Ferto I. 2007. Spatial Integration On The Hungarian Milk Market. EAAE, 104th Seminar, Budapest, Hungary 7832, September 5-8.

Boetel B, Hoffmann R, Liu D J. 2007. Estimating investment rigidity within a threshold regression framework: the case of U. S. hog production sector. American Journal of Agricultural Economies, (89): 36-51.

Bollerslev T. 1986. Generalized autoregressive conditional heteroskedasticity. Journal of Econometrics, (31): 307-327.

Brorsen B W, Chavas J P. 1985. Marketing margins and price uncertainty: the case of the U. S. wheat market. American Journal of Agricultural Economics, (67): 521-28.

Brown S P A, Yucel M K. 2000. Gasoline and crude oil prices: why the asymmetry? Federal Reserve Bank of Dallas, Economic and Finanical Review, (3): 23-29.

Capps O J, Sherwell P. 2005. Spatial asymmetry in farm-retail price transmission associated with fluid milk products. AAEA Annual Meeting, Providence, Rhode Island.

Catherine J, Paul M, Ball V E, et al. 2002. Effective costs and chemical use in United States agricultural production: using the environment as a "Free" input. American Journal of Agricultural

Economies, 88 (4): 930-946.

Chen J, Rozelle S, Carter C. 1999. Grain price stability and farmer decision making in Chinese. Paper presented in American Agricultural Economics Association Annual Meeting, Nashville. Journal of Agricultural Economics, (59): 570-572.

Choudhri E U, Hakura D S. 2006. Exchange rate pass-through to domestic prices: Does the inflationary environment matter? Journal of International Money and Finance, (25): 614-639.

Cogley T, Nason J M. 1995. Effects of hodrick-prescott filter on trend and difference stationary time series: implications for business cycle research. Journal of Economic Dynamics and Control, 19 (1-2): 253-247.

Daniel V G, Hazledine T. 1996. Modelling farm-retail price linkage for eight agricultural commodities. Working Paper.

Darrat A F. 1988. Have large budget deficits caused rising trade deficits? Southern Economic Journal, 54 (4): 879-887.

Dhuyvetter K C. 2004. Using formula prices in the absence of publicly reported prices: an application for segregated early weaned pigs. Rev Agr Econ, 26 (4): 539-551.

Dutta S M, Bergen D L, Venable R. 1999. Menu costs, posted prices, and multiproduct retailers. Journal of Money, Credit, and Banking, 31 (4): 683-703.

Eagle R F, Lilien D M, Robin R P. 1987. Estimating tune varying risk premia in the term structure: the ARCH-M model. Econometrica, (55): 391-407.

Elliott G, Antonio F. 1996. International business cycles and the dynamics of the current account. European Economic Review, Elsevier, 40 (2): 361-387.

Fisher B S. 1982. Rational expectation in agricultural supply analysis. American Journal of Agricultural Economics, (64): 260-265.

Fousekis P. 2008. Further results on asymmetry in farm-retail price transmission under spatial monopoly. J. Agr. and Food Industrial Org, 6 (1): Article 7.

Friedman M, Savage L J. 1948. The utility analysis of choices involving risk. J. Polic. Econ, (56): 279-304.

Gardner B L. 1975. The farm retail prices spread in a competitive industry. American Journal of Agricultural Economics, 57 (3): 399-409.

Gardner B L. 1975. The farm to retail price spread in a competitive food industry. American Journal of Agricultural Economics, (57): 383-406.

Gardner B L. 1976. Futures prices in supply analysis. American Journal of Agricultural Economics, (58): 81-84.

Gauthier W M, Zapata H. 2001. Testing symmetry in price transmission models. Louisiana State University, Department of Agricultural Economics & Agribusiness. Working Paper.

Gervais J P, Doyon M. 2004. Developing hedging strategies for Quebec hog Producers under revenue insurance. Canadian Journal of Agricultural Economies, 52 (1): 35-53.

Goetz L, von Cramon-Taubadel S. 2008. Considering threshold effects in the long-run equilibrium in a vector error correction model: an application to the German apple market. EAAE, Ghent, Belgium 44247, August 26-29.

Goetz L, von Cramon-Taubadel S. 2008. Measuring price transmission in the international fresh fruit and vegetable supply chain: the case of israeli grapefruit exports to the EU. Discussion Paper No. 10.08.

Goodwin B K, Holt M T. 1999. Price transmission and asymmetric adjustment in the U. S. beef sector. American Journal of Agricultural Economics, (81): 630-637.

Goodwin B K, Piggott N E. 2001. Spatial market integration in the presence of threshold effects? American Journal of Agricultural Economics, 83 (2): 302-317.

Gordon D V, Hazledine T. 1996. Modelling farm-retail price linkages for eight agricultural commodities. Agriculture and Agri-Food Canada, Policy Branch.

Granger H. 1982. An application of the shephard duality theorem: a generalized leontief production function. Journal of Political Economy, (79): 481-507.

Grant W, Sons R R, Broses B W, et al. 1984. Economic impact of increased price variability: a case study with rice. American Economic Review, (36): 17-27.

Hobbs J. 1996. Transaction costs and slaughter cattle procurement: processors' selection of supply channels. Agribusiness, 12 (6): 509-523.

Hobbs J. 1997. Measuring the importance of transaction costs in cattle marketing. American Journal of Agricultural Eeonomics, 79 (4): 1083-1095.

Hodrick J R, Prescott E C. 1997. Postwar U. S. business cycles: an empirical investigation. Journal of Money, Credit and Banking, 29 (1): 1-16.

Holloway G J. 1991. The farm retail prices spread in a imperfectly competitive food industry. American Journal of Agricultural Economics, (73): 979-89.

Holt M T, Aradhyula S V. 1998. Endogenous risk in rational-expectations commodity models: A multivariate generalized ARCH-M approach. Journal of Empirical Finance, (5): 99-129.

Hosseini S S, Peykani G, Shahbazi H, et al. 2008b. Assessment of marketing margin factors in the Iranian red meat market. J. Agric. Econ. (2): 1-17.

Hosseini S S. 2010. A model of Iran's farm-retail marketing margin for beef. Journal of Agricultural Science and Technology, (12): 255-264.

Hsu C, Wen Y. 2003. Determining flight frequencies on an air line network with demand-supply interactions. Transportation Research Part E, (39): 417-441.

Ihle R S, von Cramon-Taubadel, Zorya S. 2009. Markov-switching estimation of spatial maize price transmission processes between Tanzania and Kenya. American Journal of Agricultural Economics, 91 (5): 1432-1439.

Jamesl L, Seale J, Ghatak S. 1999. Supply response, risk, and institutional change in Chinese agriculture, paper for the international agricultural trade research consortium. China's Agricultural

Trade and Policy: Issues, Analysis, and Global Consequences in San Francisco, (25-26): 164-180.

Jolly C M, Ligeon C, Hishamunda N. 1998. Forecasting catfish in dustry prices using linear and nonlinear methods, aquaculture. Economics & Management, (2): 71-80.

Kaabia M B, Gil J M. 2005. Asymetric price transmission in the Spanish lamb sector? Congress of the EAAE, Copenhagen, Denmark, 24-27 August.

Kovenock D, Widdows K. 1998. Price leadership and asymmetric price rigidity. European Journal of Political Economy, (14): 167-187.

Lapp J S, Smith V H. 1992. Aggregate souses of relative price variability among agricultural commodities. American Journal of Agricultural Economics, (74): 1-9.

Larue B, Gervai J P, LaPan H E. 2004. Low-Price low-capacity traps and government intervention in theQuebec hog market. Journal of Agricultural Economies, 52 (3): 237-256.

Levy DH, Chen S R, Bergen M. 2004. Asymmetric price adjustment in the small: an implication of rational inattention. Discus. Paper, Series 04-23, Tjailing C. Koopmans Research Institute, Utrecht School of Economics.

Mackowiak B. 2007. External shocks, U. S. monetary policy and macroeconomic fluctuations in emerging markets. Journal of Monetary Economics, (54): 251-252.

Marsh J M, Brester G W. 2004. Wholesale-retail marketing margin behavior in the beef and pork industries. Journal of Agricultural and Resource Economics, 29 (1): 45-64.

Marvin H L, Douglas M. 2001. Price cycles and asymmetric price transmission in the U. S. pork market. American Journal of Agricultural Economics, (3): 551-562.

McCorriston S, Morgan C W, Rayner A J. 1998. Processing technology, market structure and price transmission. Journal of Agricultural Economics, (49): 185-201.

McCorriston S, Morgan C W, Rayner A J. 2001. Price transmission: the interaction between market power and returns to scale. European Review of Agricultural Economics, (28): 143-159.

McCurriston S, Sheldon I M. 1996. Trade policy in vertically related markets. Oxford Economic Papers, (48): 664-672.

McKinnon R I. Vestal K Ohno. 1998. Dollar and yen: resolving economic conflict between The United States and Japan. The Journal of Asian Studies, 57 (3): 888-890.

Megregor A M. 2007. The export of horticultural and high-value agricultural products from the Pacific islands. Pacific Economic Bulletin, 22 (3): 81-99.

Meyer J, von Cramon-Taubadel S. 2004. Asymmetric price transmission: a survey. Journal of Agricultural Economics, (12): 581-611.

Mighell R, Jones L. 1963. Vertical coordination in agriculture, U. S. department of agriculture, economic research service. Agricultural Economic Report, (19): 74-125.

Nehring R, Barnard C, Banker D, et al. 2006. Urban influence on costs of production in the corn belt. American Journal of Agricultural Economies, 88 (4): 930-946.

Odening M, MuBhuH O, Balmann A. 2005. Investment decisions in hog finishing: an application of the real options approach. Agricultural Economies, (32): 47-60.

Okwudili O, Onianwa. 1995. The potential for high-value agricultural products under the North American Free Trade Agreement: the case of beef in Mexico and Canada. American Journal of Agricultural Economics, 27 (2): 377-385.

Oleksandr P, Matyukha A, Glauben T. Estimating The Degree Of Buyers' Market Power: Evidence From The Ukrainian Meat Processing Industry. EAAE 2011 Congress.

Ozkan B, Akcaoz H, Karadeniz F. 2004. Energy requirement and economic analysis of citrus production in Turkey. Energy Conversion and Management, (45): 1821-1830.

Parcel J, Picrced V. 1990. Changing comsumption patterns and demand for cereal grains in Asia.

Paulsen. 2007. Testing the farm-retail price transmission for norwegian salmon exports to France? Fisheries (Bethesda), (5): 1-65.

Peltzman S. 2000. Prices rise faster than they fall. Journal of Political Economy, 108 (3): 466-502.

Pool N D. 1998. Formal contract in fresh produce markets. Food Policy, (23): 131-142.

Quagrainie K K, McCluskey J J, Loureiro M L. 2003. A latent structure approach to measuring reputation. Southern Economic Journal, Southern Economic Association, 69 (4): 966-977.

Raper K C, Cheney L M. 2006. Regional impacts of a US hog slaughter Plant closing: the Thorn Apple Valley case. Review Agricultural Economies, 28 (4): 531-542.

Roberts D, Froud J, Fraser R W. 1996. Participation in set aside: what determines the opting in price. Journal of Agricultural Economics, 47 (1): 89-98.

Schrocter J, Azzam A. 1991. Marketing margins, market power, and price uncertainty. American Jonmal of Agricultural Economics, (73): 990-999.

Schroeter J, Azzeddine A. 1991. Marketing margins, market power, and price uncertainty. Americian Journal of Agricultural Economics, (73): 990-999.

Shively G E. 1996. Food price variability and economic reform: an arch approach for Ghana. American Journal of Agricultural Economics, (78): 126-136.

Sosa S. 2008. External shocks and business cycle fluctuations in Mexico: how important are U. S. factors? IMF Working Paper, WP/2008/100.

Trony G, Schmitz, Moss C B, et al. 2003. Marketing channels compete for U. S. Stocker Cattle. Journal of Agribusiness, 21 (2): 131-148.

von Cramon-Taubadel S, Goetz L. 2007. Asymmetric price transmission in the Israeli Citrus Export Sector in the aftermath of liberalization. EAAE, Barcelona, Spain 9385, 103rd Seminar, April 23-25.

von Cramon-Taubadel S, Loy J R, Meyer J. 2006. The impact of cross-sectional data aggregation on the measurement of vertical price transmission: an experiment with German Food Prices. Agribusiness, 22 (4): 1-18.

von Cramon-Taubadel S, Meyer J. 2001. Asymmetric price transmission: fact or artefact? the 71th EAAE, 19-20.

Wachenheim C J, Mattson J W, Ko W W. 2004. Canadian exports of livestoek and meat to the United States. Canadian Journal of Agricultural Economies, 52 (1): 55-71.

Wang Y, Yang W, et al. 2006. Non-contact sensing of hog weights by machine vision. Applied Engineering in Agriculture, 22 (4): 577-582.

Wei W, Hansen M. 2006. An aggregate demand model for air Passenger traffic in the hub-and-spoke network. Transportation Research part A, (40): 841-851.

Weldegebriei H T. 2004. Imperfect price transmission: is market power really to blame? Journal of Agricultural Economics, (55): 101-114.

Wesrco P C. 1988. Hofman L A. Study of Salmon by A Stocks to Modeling Framework. Agriculture Economics, (36): 459-471.

Wohlgenant M K. 1985. Competitive storage, retional expectations and short run food price determination. American Journal of Agricultural Economics, (67): 739-48.

Wohlgnant M K. 1989. Demand for farm output in a complete system of demand functions. American Journal of Agricultural Economics, (71): 241-252.

Wright. 1934. The method of path coefficients. Annals of the Institute of Statistical Mathematics, (5): 161-215.

Xia T, XiaoHong L. 2010. Consumption inertia and asymmetric price transmission. Journal of Agricultural and Resource, 35 (2): 209-227.

Xia T. 2009. Asymmetric price transmission and demand characteristics. AAEA &ACCI Joint Annual Meeting, Milwaukee, Wisconsin, July 26-29.

Zhao Y, Zhang Y, Qi C J. 2008. Analysis on price fluctuation of horticulture products based on DWT and SVAR. Washington DC: IEEE CS Press.

Zhao Y, Zhang Y. Prediction model of stock market returns based on wavelet neural network. 2008 Pacific-Asia Workshop on Computational Intelligence and Industrial Applications, IEEE CS Press.

Zhao Y, Zhang Y. The interaction between Chinese export price and world import price of tangerines. 2009 InternationalAsia Conference on Informatics in Control, Automation and Robotics. Washington DC: IEEE CS Press.

Zheng Y Q, Kinnucan H W, Thompson H. 2008. News and volatility of food prices. Applied Economics, (40): 1629-1635.

附录 1
中国柑橘生产成本核算标准调整步骤

年数	旧的成本核算标准	调整步骤：（以2004年核算为准）
1990~1997年	(1) 生产成本=直接费用+间接费用+人工成本+税金+土地成本	(1) 将税金列入间接成本 (2) 生产成本=直接费用+间接费用（调整后的）+人工成本+土地成本
1998~2003年	(1) 生产成本=直接费用+间接费用+人工成本+期间费用+税金 (2) 其中，期间费用=土地承包费+管理费+销售费+财务费	(1) 将土地承包费列为土地成本 (2) 将管理费+销售费+财务费+税金列为间接费用 (3) 生产成本=直接费用+间接费用（调整后的）+人工成本+土地成本
2004~2011年	(1) 生产成本=直接物质费用+间接物质费用+人工成本+土地成本	(1) 生产成本=直接物质费用+间接物质费用+人工成本+土地成本

注：根据1991~2012年《全国农产品成本资料汇编》整理得到

附录 2
中国柑橘价格形成理论模型的详细推导过程

一、柑橘生产函数的构建及推导过程

$$Q_f = A_1 L^\alpha K^\beta \tag{1}$$

利润函数如下：

$$\pi = p_f Q_f - w_f L - r_f K \tag{2}$$

将式（1）代入式（2）中

$$\pi = p_f (A_1 L^\alpha K^\beta) - w_f L - r_f K \tag{3}$$

对式（3）求偏导数得到

$$L = \left(\frac{w_f}{p_f A_1 \alpha}\right)^{\frac{1}{\alpha+\beta-1}} \left(\frac{w_f \beta}{r_f \alpha}\right)^{\frac{\beta}{1-\alpha-\beta}} \tag{4}$$

$$K = \left(\frac{w_f}{p_f A_1 \alpha}\right)^{\frac{1}{\alpha+\beta-1}} \left(\frac{w_f \beta}{r_f \alpha}\right)^{\frac{\alpha-1}{\alpha+\beta-1}} \tag{5}$$

将式（4）和式（5）代入式（1）中得到柑橘生产函数如下：

$$Q_f = A_1 \left(\frac{w_f}{p_f A_1 \alpha}\right)^{\frac{\alpha+\beta}{\alpha+\beta-1}} \left(\frac{w_f \beta}{r_f \alpha}\right)^{\frac{-\beta}{\alpha+\beta-1}} \tag{6}$$

柑橘生产函数的全微分方程为

$$\mathrm{dln}Q_f = \frac{\alpha}{\alpha+\beta-1}\mathrm{dln}w_f - \frac{\alpha+\beta}{\alpha+\beta-1}\mathrm{dln}p_f + \frac{\beta}{\alpha+\beta-1}\mathrm{dln}r_f \tag{7}$$

二、柑橘需求函数的构建及推导过程

柑橘的效用函数表示：

$$U(Q_m, Q_s) = A_2 (a_1 Q_m^\rho + a_2 Q_s^\rho)^{\frac{m}{\rho}} \tag{8}$$

约束条件：
$$I - p_m Q_m - p_s Q_s \geq 0 \tag{9}$$

式中，$0<a_1<1$，$0<a_2<1$，$a_1+a_2=1$。

构建拉格朗日函数如下：
$$L(Q_m, Q_s, \lambda) = A_2(a_1 Q_m^\rho + a_2 Q_s^\rho)^{\frac{m}{\rho}} + \lambda(I - p_m Q_m - p_s Q_s) \tag{10}$$

对式（10）求偏导

求解得到最终的柑橘需求函数为
$$Q_m = \frac{I(p_m a_2)^{\frac{1}{\rho-1}}}{p_m^{\frac{\rho}{\rho-1}} a_2^{\frac{1}{\rho-1}} + p_s^{\frac{\rho}{\rho-1}} a_1^{\frac{1}{\rho-1}}} \tag{11}$$

或者是
$$Q_m = \frac{I}{p_m + p_s \left(\frac{p_s a_1}{p_m a_2}\right)^{\frac{1}{\rho-1}}} = \frac{I}{p_m + p_s^{\frac{\rho}{\rho-1}} p_m^{\frac{1}{1-\rho}} a_1^{\frac{1}{\rho-1}} a_2^{\frac{1}{1-\rho}}}$$

由式（11）得到柑橘需求函数的全微分方程为
$$d\ln Q_m = d\ln I + \frac{\rho}{\rho-1}\left[\frac{1}{\rho} - \frac{1}{1 + \left(\frac{p_s}{p_m}\right)^{\frac{\rho}{\rho-1}}\left(\frac{a_1}{a_2}\right)^{\frac{1}{\rho-1}}}\right] d\ln p_m$$
$$- \left(\frac{\rho}{\rho-1}\right) \frac{1}{\left(\frac{p_m}{p_s}\right)^{\frac{\rho}{\rho-1}}\left(\frac{a_2}{a_1}\right)^{\frac{1}{\rho-1}} + 1} d\ln p_s$$

三、柑橘市场流通过程的构建及推导过程

设中间商企业的生产函数如下：
$$Q_m = A_3 Q_f^{a_3} Q_b^{a_4} \tag{12}$$

利润函数如下：
$$\pi = p_m Q_m - p_f Q_f - p_b Q_b \tag{13}$$

对利润函数求导得到：
$$Q_b = \frac{p_f a_4}{p_b a_3} Q_f \tag{14}$$

随后，计算得到
$$Q_f = \left(\frac{p_f}{p_m A_3 a_3}\right)^{\frac{1}{a_3+a_4-1}} \left(\frac{p_f a_4}{p_b a_3}\right)^{\frac{-a_4}{a_3+a_4-1}} \tag{15}$$

$$Q_b = \left(\frac{p_f}{p_m A_3 a_3}\right)^{\frac{1}{a_3+a_4-1}} \left(\frac{p_f a_4}{p_b a_3}\right)^{\frac{a_3-1}{a_3+a_4-1}} \tag{16}$$

$$Q_m = A_3 \left(\frac{p_f}{p_m A_3 a_3}\right)^{\frac{a_3+a_4}{a_3+a_4-1}} \left(\frac{p_f a_4}{p_b a_3}\right)^{\frac{-a_4}{a_3+a_4-1}} \tag{17}$$

对影响企业生产量（17）求全微分得到：

$$\mathrm{d}\ln Q_m = \frac{a_3}{a_3+a_4-1}\mathrm{d}\ln p_f - \frac{a_3+a_4}{a_3+a_4-1}\mathrm{d}\ln p_m + \frac{a_4}{a_3+a_4-1}\mathrm{d}\ln p_b$$

四、柑橘中间商市场的构建及推导过程

投入品的生产函数如下：

$$Q_b = A_4 L^{a_5} K^{a_6}$$

利润函数如下：

$$\pi = p_b Q_b - w_b L - r_b K$$

计算得到：

$$L = \left(\frac{w_b}{p_b A_4 a_5}\right)^{\frac{1}{a_6+a_5-1}} \left(\frac{w_b a_6}{r_b a_5}\right)^{\frac{-a_6}{a_6+a_5-1}}$$

$$K = \left(\frac{w_b}{p_b A_4 a_5}\right)^{\frac{1}{a_6+a_5-1}} \left(\frac{w_b a_6}{r_b a_5}\right)^{\frac{a_5-1}{a_6+a_5-1}}$$

$$Q_b = A_4 \left(\frac{w_b}{p_b A_4 a_5}\right)^{\frac{a_5+a_6}{a_6+a_5-1}} \left(\frac{w_b a_6}{r_b a_5}\right)^{\frac{-a_6}{a_6+a_5-1}}$$

均衡状态下 6 个方程的全微分方程分别是：

$$\mathrm{d}\ln Q_f = \frac{\alpha}{\alpha+\beta-1}\mathrm{d}\ln w_f - \frac{\alpha+\beta}{\alpha+\beta-1}\mathrm{d}\ln p_f + \frac{\beta}{\alpha+\beta-1}\mathrm{d}\ln r_f$$

$$\mathrm{d}\ln Q_m = \mathrm{d}\ln I + \frac{\rho}{\rho-1}\left[\frac{1}{\rho} - \frac{1}{1+\left(\frac{p_s}{p_m}\right)^{\frac{\rho}{\rho-1}}\left(\frac{a_1}{a_2}\right)^{\frac{1}{\rho-1}}}\right]\mathrm{d}\ln p_m$$

$$- \left(\frac{\rho}{\rho-1}\right)\frac{1}{\left(\frac{p_m}{p_s}\right)^{\frac{\rho}{\rho-1}}\left(\frac{a_2}{a_1}\right)^{\frac{1}{\rho-1}}+1}\mathrm{d}\ln p_s$$

$$\mathrm{d}\ln Q_b + \frac{a_5+a_6}{a_6+a_5-1}\mathrm{d}\ln p_b = \frac{a_5}{a_6+a_5-1}\mathrm{d}\ln w_b + \frac{a_6}{a_6+a_5-1}\mathrm{d}\ln r_b$$

$$\mathrm{d}\ln Q_m = a_3 \mathrm{d}\ln Q_f + a_4 \mathrm{d}\ln Q_b$$

$$\mathrm{dln}p_f = \mathrm{dln}p_m + a_4\mathrm{dln}Q_b + (a_3 - 1)\mathrm{dln}Q_f$$
$$\mathrm{dln}p_b = \mathrm{dln}p_m + a_3\mathrm{dln}Q_f + (a_4 - 1)\mathrm{dln}Q_b$$

系数矩阵 A 为

$$A = \begin{bmatrix} 0 & 1 & 0 & 0 & \dfrac{\alpha+\beta}{\alpha+\beta-1} & 0 \\ 1 & 0 & 0 & -\dfrac{\rho}{\rho-1}\left[\dfrac{1}{\rho} - \dfrac{1}{1+\left(\dfrac{p_s}{p_m}\right)^{\frac{\rho}{\rho-1}}\left(\dfrac{a_1}{a_2}\right)^{\frac{1}{\rho-1}}}\right] & 0 & 0 \\ 0 & 0 & 1 & 0 & 0 & \dfrac{a_5+a_6}{a_6+a_5-1} \\ 1 & -a_3 & -a_4 & 0 & 0 & 0 \\ 0 & 1-a_3 & -a_4 & -1 & 1 & 0 \\ 0 & -a_3 & 1-a_4 & -1 & 0 & 1 \end{bmatrix}$$

故前面六个方程的矩阵形式为

$$A = \begin{bmatrix} 0 & 1 & 0 & 0 & \dfrac{\alpha+\beta}{\alpha+\beta-1} & 0 \\ 1 & 0 & 0 & -\dfrac{\rho}{\rho-1}\left[\dfrac{1}{\rho} - \dfrac{1}{1+\left(\dfrac{p_s}{p_m}\right)^{\frac{\rho}{\rho-1}}\left(\dfrac{a_1}{a_2}\right)^{\frac{1}{\rho-1}}}\right] & 0 & 0 \\ 0 & 0 & 1 & 0 & 0 & \dfrac{a_5+a_6}{a_6+a_5-1} \\ 1 & -a_3 & -a_4 & 0 & 0 & 0 \\ 0 & 1-a_3 & -a_4 & -1 & 1 & 0 \\ 0 & -a_3 & 1-a_4 & -1 & 0 & 1 \end{bmatrix}$$

$$B = \begin{bmatrix} \mathrm{dln}Q_m & \mathrm{dln}Q_f & \mathrm{dln}b & \mathrm{dln}p_m & \mathrm{dln}p_f & \mathrm{dln}p_b \end{bmatrix}$$

$$C = \begin{bmatrix} c_1\mathrm{dln}w_f + c_2\mathrm{dln}r_f \\ \mathrm{dln}I - c_4\mathrm{dln}p_s \\ c_5\mathrm{dln}w_b + c_6\mathrm{dln}r_b \\ 0 \\ 0 \\ 0 \end{bmatrix}$$